suhrkamp taschenbuch
wissenschaft 2231

Die hier versammelten Texte aus Niklas Luhmanns letzter Schaffensphase stellen sein Theorievermächtnis dar. Sie kulminieren im titelgebenden Aufsatz über die Kontrolle von Intransparenz. Luhmanns Interesse gilt jener Eigenart sozialer Systeme, die sie dazu befähigt, mit Wissen ebenso wie mit Nichtwissen umzugehen. Die Fragestellung könnte aktueller nicht sein: Sie beschreibt eine soziale Intelligenz, die sich sowohl von psychischer Intelligenz als auch von künstlicher Intelligenz unterscheidet. Wird damit eine Schwelle markiert, die von der künstlichen Intelligenz nicht überschritten wird? Oder finden die Computer andere Wege, sich an der Kommunikation zu beteiligen?

Niklas Luhmann (1927-1998) war Professor für Soziologie an der Universität Bielefeld. Im Suhrkamp Verlag erschienen zuletzt: *Der neue Chef* (2016) und *Systemtheorie der Gesellschaft* (2017).

Dirk Baecker lehrt Kulturtheorie und Management an der Universität Witten/Herdecke. Zuletzt im Suhrkamp Verlag erschienen: *Studien zur nächsten Gesellschaft* (stw 1856) und *Wozu Theorie? Aufsätze* (stw 2177).

Niklas Luhmann

Die Kontrolle von Intransparenz

Herausgegeben
und mit einem Nachwort
von Dirk Baecker

Suhrkamp

Bibliografische Information der Deutschen Nationalbibliothek
Die Deutsche Nationalbibliothek verzeichnet diese Publikation
in der Deutschen Nationalbibliografie; detaillierte bibliografische
Daten sind im Internet über http://dnb.d-nb.de abrufbar.

2. Auflage 2018

Erste Auflage 2017
suhrkamp taschenbuch wissenschaft 2231

Umschlag nach Entwürfen von
Willy Fleckhaus und Rolf Staudt
Druck: Druckhaus Nomos, Sinzheim
Printed in Germany
ISBN 978-3-518-29831-2

Inhalt

»Was auf diese Weise erreicht wird, kann auch als ein Zusammenhang mehrerer Variablen beschrieben werden, die sich, oberflächlich gesehen, widersprechen, nämlich als Einheit von (1) selektiver Verknüpfung der Elemente, (2) Bindung freier Energien aus anderen Realitätsschichten durch Interpenetration, (3) ständige sofortige Wiederauflösung der Verknüpfung und der Bindung, (4) Reproduktion der Elemente auf Grund der Selektivität aller verknüpfenden und bindenden Relationen, und (5) Fähigkeit zur Evolution im Sinne einer abweichenden Reproduktion, die Möglichkeiten der Neuselektion eröffnet. Ein solches System hat kein zeitfestes Wesen. Es ist auch nicht nur in dem Sinne der Zeit ausgesetzt, daß es sich anpassen und gegebenenfalls Strukturen ändern muß. Nicht einmal die Austauschbarkeit der Elemente (davon war die Theorie der Autopoiesis im Hinblick auf Makromoleküle bzw. Zellen ausgegangen) erfaßt den Zeitbezug radikal genug. Handlungssysteme benutzen die Zeit, um ihre kontinuierliche Selbstauflösung zu erzwingen; sie erzwingen ihre kontinuierliche Selbstauflösung, um die Selektivität aller Selbsterneuerung sicherzustellen; und sie benutzen diese Selektivität, um die Selbsterneuerung selbst zu ermöglichen in einer Umwelt, die kontinuierlich schwankende Anforderungen stellt.«

Niklas Luhmann, Soziale Systeme, S. 394

Erkenntnis als Konstruktion

I.

Es ist eine alte Kommunikationstechnik für unbeweisbare oder schwer beweisbare Behauptungen: die Behauptung kommunikativ zu verstärken. So findet man in der Endphase der lateinischen Rhetorik von der Tugend zu wahrer Tugend, so verlangt man von der Politik heute echte Reformen. So findet man in Läden heute naturreine Früchte angeboten. Und die letzte Mode in der Erkenntnistheorie heißt »radikaler Konstruktivismus«. Je mehr solche Verstärker hinzugesetzt werden, um so mehr sind Zweifel angebracht. Je mehr der Konstruktivismus sich im Unterschied zu anderen Erkenntnistheorien als »radikal« behauptet, desto mehr kann man deshalb zweifeln, ob nun diese Theorie (erstmals) das Problem der Erkenntnis gelöst hat, und sogar: ob sie wenigstens ihre Hausaufgaben ordentlich gemacht hat. Wer sich an das erinnert, was Kant (mit Bezug auf Descartes) »problematischen Idealismus« genannt hat,[1] wird nicht so leicht erkennen, was denn der radikale Konstruktivismus an prinzipiell Neuem zu sagen hat.

Man versteht, wie es zu der Selbstbezeichnung als radikal kommt; denn in der Tat gibt es schwächliche, unentschlossene Ja/Aber-Ausgaben von Konstruktivismus. Man nimmt alle Argumente, die in diese Richtung zu führen scheinen, zur Kenntnis, sagt dann aber, ganz so hart sollte man sich nicht ausdrücken, ausschließlich konstruktiv könne die Erkenntnis nicht verstanden werden, denn schließlich müsse doch irgendeine Beziehung zur Realität vorausgesetzt werden können.[2] Bekanntlich hatte schon Kant in die zweite Auflage der »Kritik der reinen Vernunft« einen entsprechenden Rückzieher eingefügt, der die in der transzendentalen Ästhetik erreichte Position wenn nicht aufgibt, so doch auf unklare Weise wieder abschwächt.[3] Rückzieher dieser Art sind jedoch we-

1 Kritik der reinen Vernunft B 274 f.

2 Siehe etwa Michael A. Arbib/Mary B. Hesse, The Construction of Reality, Cambridge, UK 1986.

3 Ich meine den Abschnitt »Widerlegung des Idealismus« und insbesondere den Lehrsatz »Das bloße, aber empirisch (!) bestimmte Bewußtsein meines eigenen

nig überzeugend, sind nur Symptome für eine unzureichend erfaßte Problematik. Man könnte daraufhin die Akten schließen. Wenn die Erkenntnistheorie keine Problemlösungen anbieten kann, hat sie auch keine Probleme mehr. Sie kann sich dann für glücklich erklären oder sich mit empirischen Forschungen beschäftigen. Die Frage ist, ob der Sachstand diesen Rückzug erzwingt.

Wenn man darauf achtet, wie das Problem der Erkenntnistheorie formuliert ist, kann man in der Tat eine Radikalisierung erkennen. In der Tradition des erkenntnistheoretischen Idealismus ging es um die Frage der Einheit in der Differenz von Erkenntnis und Realgegenstand. Die Frage lautete: wie kann die Erkenntnis einen Gegenstand außerhalb ihrer selbst feststellen? Oder: wie kann sie feststellen, daß etwas unabhängig von ihr existiert, wo doch alles, was immer sie feststellt, schon Erkenntnisleistungen voraussetzt und gar nicht unabhängig von Erkenntnis (das wäre ein Selbstwiderspruch) durch Erkenntnis feststellbar ist? Ob man nun transzendentaltheoretische oder dialektische Problemlösungen bevorzugte, das Problem lautete: wie ist Erkenntnis möglich, *obwohl* sie keinen von ihr unabhängigen Zugang zur Realität außer ihr hat. Der Radikale Konstruktivismus beginnt dagegen mit der empirischen Feststellung: Erkenntnis ist nur möglich, *weil* sie keinen Zugang zur Realität außer ihr hat. Ein Gehirn beispielsweise kann nur Information erzeugen, weil es umweltindifferent codiert ist, d. h. im rekursiven Netzwerk der eigenen Operationen eingeschlossen operiert.[4] Ebenso müßte man sagen: Kommunikationssysteme (soziale Systeme) können nur deshalb Informationen erzeugen, weil die Umwelt nicht dazwischenredet. Und nach alldem dürfte sich dasselbe auch für den klassischen »Sitz« (Subjekt) der Erkenntnistheorie von selbst verstehen: für das Bewußtsein.

Offenbar sehen die radikalen Konstruktivisten diesen Schritt von »obwohl unmöglich« zu »weil unmöglich« als eine befreiende Radikalisierung, mit der man zweitausend Jahre unnütze Reflexion abhängen kann.[5] An der Bedeutung dieses Schrittes von »obwohl«

Daseins beweist das Dasein der Gegenstände (also nicht nur von irgend etwas, N. L.) im Raum (!) außer mir« (B 274 ff.).

4 Vgl. dazu Heinz von Foerster, Entdecken oder Erfinden: Wie läßt sich Verstehen verstehen, in: Heinz Gumin/Armin Möhler (Hg.), Einführung in den Konstruktivismus, München 1985, S. 27-68.

5 So mit bewundernswertem Mut Ernst von Glasersfeld, Wissen, Sprache und

zu »weil« will man nicht zweifeln, ebenso wenig wie an der Notwendigkeit der Neufundierung der Erkenntnistheorie. Man möchte aber genauer wissen, was wir mit diesem Schritt von »obwohl« zu »weil« gewinnen; und hier stehen wir erst am Anfang einer nur in vagen Umrissen absehbaren Entwicklung.

Einen Neuheitseffekt könnte der Konstruktivismus erzielen, wenn er der Frage nachginge, wie *Abkopplung* (mit anderen Worten: Indifferenz, Schließung usw.) *möglich* ist. Die *Subjekttheorie* der Erkenntnis hatte es nie zu dieser Frage gebracht, weil sie immer mit der paradoxen Forderung zu ringen hatte, durch *Introspektion* herauszubekommen, wie *andere* sich zur *Welt* verhalten.[6] Sie konnte konzedieren, daß es keinen direkten Zugang zum Erleben anderer Subjekte gibt; aber zumindest sollte durch Rückgang auf das Faktum des eigenen Bewußtseins herauszubekommen sein, nach welchen Prinzipien sich im anderen die Gegenstände der Welt ordnen. Die Subjekttheorie mußte dabei eine gemeinsame, zumindest eine gemeinsam beobachtbare Welt voraussetzen und war dadurch gehindert, die *Abkopplung* je eines erkennenden Systems als *Bedingung* der Erkenntnis zu denken. Aber auch der Übergang zu einer *Objekttheorie* der Erkenntnis hilft nicht (mag er das erkennende Objekt nun physikalisch, biologisch, psychologisch oder soziologisch beschreiben). Er gelingt nicht, weil die Reduktion der Beschreibung auf Vorgänge des beschriebenen Objekts wiederum das Problem der Abkopplung[7] überspringt. Wir schlagen daher vor, die Unterscheidung von »Subjekt« und »Objekt« zu ersetzen durch die Unterscheidung von »System« und »Umwelt«. Diese Unterscheidung bleibt bei klassischen Problemstellungen insofern, als sie von einer Differenz ausgeht und deren eine Seite in die andere wiedereintreten läßt. Sie überholt klassische Problemstellungen, weil sie

Wirklichkeit: Arbeiten zum radikalen Konstruktivismus, dt. Braunschweig 1987.

6 Daß »Intersubjektivität« nur ein Wort für dieses Problem ist, aber keine Lösung, sollte klar sein. Wo es aber keine Lösung gibt, gibt es auch kein Problem; und die neueren Sozialphänomenologen gehen deshalb von Intersubjektivität wie von einer Tatsache aus. Siehe nur Richard Grathoff/Bernhard Waldenfels, Sozialität und Intersubjektivität, München 1983.

7 Vgl. Arne Ness (Næss), Erkenntnis und wissenschaftliches Verhalten, Oslo 1936, S. 193 ff., mit der Forderung, alle Sätze über die äußere Situation aus Beschreibungen der Vorgänge im »inneren Funktionskreis« des beobachteten Organismus abzuleiten – was zunächst einmal sehr konstruktivistisch klingt.

sowohl die Subjekttheorie als auch die Objekttheorie revidiert. Sie kann die Frage nach der Abkopplung durch Schließung als Frage nach der Ausdifferenzierung von Systemen stellen, und sie kann die Prämisse einer gemeinsamen Welt ersetzen durch eine Theorie der Beobachtung beobachtender Systeme (second order cybernetics).

II.

Wir gehen davon aus, daß alle erkennenden Systeme reale Systeme in einer realen Umwelt sind, mit anderen Worten: daß es sie gibt. Das ist naiv, so wird oft eingewandt.[8] Aber wie anders als naiv soll man anfangen?[9] Eine Reflexion des Anfangs kann nicht vor dem Anfang durchgeführt werden, sondern erst mit Hilfe einer Theorie, die bereits hinreichende Komplexität aufgebaut hat.[10]

Die Frage, wie Systeme in einer Umwelt Erkenntnis zustande bringen, kann dann reformuliert werden in die Frage, wie Systeme sich von ihrer Umwelt abkoppeln können, oder mit Heinz von Foerster: wie Schließung durch Einschließung möglich ist. Diese Frage auch nur zu stellen heißt: sehr scharfe Beschränkungen, also hochselektive Bedingungen eines solchen Vorgangs zu vermuten. Die Selbstisolierung eines erkennenden Systems – einer Zelle, eines Immunsystems, eines Gehirns, eines Bewußtseins, eines Kommunikationssystems – führt gerade nicht in die Beliebigkeit der dadurch ermöglichten Operationen. Das Gegenteil trifft zu. Jeder Beobachter eines sich zur Erkenntnis abschließenden Systems kann scharfe Beschränkungen des daraufhin Möglichen erkennen. Überhaupt gibt es in der Realwelt keine Beliebigkeit. Die Unterstellung von Willkür heißt vielmehr immer: beobachte das System, dem Du Willkür ansinnst; und dann wirst Du sehen, daß Deine Vermutung nicht zutrifft. Belieben ist, so gesehen, also nichts anderes als ein Begriff für die Weisung: beobachte den Beobachter.

8 Zum Beispiel von Danilo Zolo, Autopoiesis: Critica di un paradigma conservatore, MicroMega 1 (1986), S. 129-173.

9 Es ist, um nur das anzumerken, ebenso naiv (wenngleich eine üblichere Naivität), von der Subjektivität des Bewußtseins auszugehen und es zu unterlassen, die Frage zu stellen: wessen Bewußtsein?

10 Siehe das Verhältnis von distinction/indication als »form« und »re-entry« bei George Spencer Brown, Laws of Form, 2. Aufl., London 1972.

Denn: wie ist Schließung möglich? Doch nur dadurch, daß ein System eigene Operationen produziert und im Netzwerk ihrer rekursiven Vor- und Rückgriffe reproduziert. Der Vorgang selbst erzeugt die Differenz von System und Umwelt. Maturana hat das »Autopoiesis« genannt; aber auch Lyotard kommt von der Linguistik eher mit Begriffen wie »phrase«, »enchaînement«, »différend« zum gleichen Ergebnis.[11] Die Systemtheorie ermöglicht es allerdings, das Ergebnis besonders einleuchtend zu formulieren: Kein System kann außerhalb seiner eigenen Grenzen operieren, auch ein erkennendes System nicht. Diese Überlegungen lassen noch offen, ob man alle Operationen autopoietischer Systeme »Erkennen« (cognition) nennen will oder nur solche besonderer Art, die dann genauer zu bestimmen wäre. Maturana optiert für Kongruenz mit der Maßgabe, daß über den Begriff der Kognition mit berücksichtigt wird, daß die Autopoiesis, wenngleich blind, in einem Interaktionsbereich vollzogen wird. Davon wird ein Begriff des Beobachters unterschieden, der durch die Verfügung über Sprache definiert wird.[12] Ich möchte dagegen den Begriff des Erkennens enger fassen und dabei von einem Begriff des Beobachters ausgehen, für den die Begriffe des Unterscheidens und Bezeichnens die Definitionsgrundlage bieten.[13] Es wird im folgenden erkennbar werden, was auf diesem Wege erreicht werden soll.

Erkenntnis wird demnach durch Operationen des Beobachtens und des Aufzeichnens von Beobachtungen (Beschreiben) angefertigt. Das schließt Beobachten von Beobachtungen und Beschreiben von Beschreibungen ein. Beobachten findet immer dann statt, wenn etwas unterschieden und, in Abhängigkeit von der Unterscheidung, bezeichnet wird. Der Begriff ist indifferent gegen die Form der Autopoiesis des Systems, also indifferent dagegen, ob als Operationsform Leben oder Bewußtsein oder Kommunikation

11 Siebe insb. Jean-François Lyotard, Le différend, Paris 1983. Allerdings lehnt Lyotard (mündlich) die Interpretation von le différend als System/Umwelt-Differenz ab.

12 Vgl. Humberto R. Maturana, Erkennen: Die Organisation und Verkörperung von Wirklichkeit. Ausgewählte Arbeiten zur biologischen Epistemologie, Braunschweig 1982, S. 39 ff. i. V. m. 34 f. und öfter.

13 Dies in Anlehnung an die Grundoperation distinction/indication bei George Spencer Brown, a. a. O., aber ohne die Intention auf Entwicklung eines formallogischen Kalküls.

benutzt wird. Er ist auch indifferent gegen die Form der Aufzeichnung (Gedächtnis). Es kann sich um biochemische Fixierungen, es kann sich auch um schriftlich fixierte Texte handeln, immer muß aber das Beobachten und Beschreiben selbst eine autopoietisch mögliche Operation sein, also Lebensvollzug oder aktuelles Bewußtsein oder Kommunikation, denn sonst würde sie nicht die Geschlossenheit und Differenz des erkennenden Systems reproduzieren, also nicht »in« dem System stattfinden. Der Begriff fordert aber nicht, daß alle Operationen des entsprechenden Systems beobachtende/beschreibende Operationen sind; und er fordert auch nicht, daß die Operationen, die es sind, nur als solche beobachtet werden können.

Mit dieser Begriffsfassung, die das Spezifische des Erkennens im Unterscheiden und im dadurch ermöglichten/erzwungenen Bezeichnen sieht, ist zugleich festgelegt, wie die Abkopplung von der Umwelt und damit die Geschlossenheit erkennender Systeme verstanden werden muß. Erkenntnis ist anders als die Umwelt, weil die Umwelt keine Unterscheidungen enthält, sondern einfach ist, wie sie ist. Die Umwelt enthält, mit anderen Worten, kein Anderssein und keine Möglichkeiten. Sie geschieht, wie sie geschieht. Ein Beobachter mag feststellen, daß es in der Umwelt andere Beobachter gibt. Aber er kann dies nur feststellen, wenn er diese Beobachter unterscheidet von dem, was sie beobachten; oder unterscheidet von Umweltgeschehnissen, die er nicht als Beobachten bezeichnet. Mit anderen Worten: alles Beobachten als Eigenleistung des Beobachters, eingeschlossen das Beobachten von Beobachtern.

Also gibt es in der Umwelt nichts, was der Erkenntnis entspricht; denn alles, was der Erkenntnis entspricht, ist abhängig von Unterscheidungen, innerhalb deren sie etwas als dies und nicht das bezeichnet. In der Umwelt gibt es daher auch weder Dinge noch Ereignisse, wenn mit diesem Begriff bezeichnet sein soll, daß das, was so bezeichnet ist, anders ist als anderes. Nicht einmal Umwelt gibt es in der Umwelt, da dieser Begriff ja nur in Unterscheidung von einem System etwas bezeichnet, also verlangt, daß man angibt, für welches System die Umwelt eine Umwelt ist. Und ebensowenig gibt es, wenn man von Erkenntnis absieht, Systeme. (*Deshalb* haben wir oben *gesagt*, es gibt Systeme.) Die Unterscheidung von System und Umwelt ist selbst eine erkenntnisleitende Operation.

Dieser Überlegungsgang erlaubt keinen Schluß auf die Nichtrealität der Umwelt. Er erlaubt auch nicht den Schluß, daß es außerhalb des erkennenden Systems nichts gibt. Ein solcher Schluß wäre zwar Erkenntnis, da er auf der Unterscheidung von »nichts« und »etwas« beruht, also, traditionell gesprochen, »nichts« als »nomen« verwendet.[14] Aber auch er beruhte, eben als Erkenntnis, auf einem Verzicht auf Entsprechung zur Realität.

Bezeichnungen wie »Realität« (Materie, ultimate reality) oder Welt beruhen *für die Erkenntnis* ihrerseits auf Unterscheidungen. Sie formulieren die Einheit des durch eine Unterscheidung Unterschiedenen – wenn man so will: ihren Geist. Selbst sie entsprechen also der Geschlossenheit des erkennenden Systems, weil auch sie nur mit Hilfe einer Unterscheidung zu gewinnen sind – in unserem Falle der Unterscheidung von System und Umwelt.

Es ist nur eine andere Bezeichnung für denselben Sachverhalt, wenn wir sagen, die Unterscheidung, mit der ein erkennendes System jeweils beobachtet, sei ihr »blinder Fleck« oder ihre latente Struktur. Denn diese Unterscheidung kann nicht ihrerseits unterschieden werden; sonst würde eine andere, ebendiese, als Leitunterscheidung verwendet werden, und dies seinerseits blind. Und wieder dasselbe ist gemeint, wenn man sagt, daß alles Beobachten eine Grenzziehung, einen Schnitt durch die Welt, eine Verletzung des »unmarked space« voraussetzt und erzeugt.

III.

Eine operative Erkenntnistheorie betrachtet Erkennen als eine Art von Operation, die sie von anderen Operationen unterscheiden kann. Als Operation gesehen geschieht Erkennen oder es geschieht nicht, je nachdem, ob die Autopoiesis des Systems mit einer solchen Operation fortgesetzt werden kann oder nicht. Die wichtigste

14 Vgl. mit Folgerungen für das parallel gelagerte Problem des Bösen Anselm von Canterbury, De casu diaboli XI, zit. nach Opera Omnia, Seckau, Rom, Edinburgh 1938 ff., Nachdruck Stuttgart-Bad Cannstatt 1968, Bd. 1, S. 248 ff. Ebendas hat bekanntlich die Theologie in die Paradoxie gezwungen, die Unterscheidung creatum/increatum der Unterscheidung Sein/Nichtsein vorzuordnen, obwohl jene diese voraussetzt, denn erst durch die Schöpfung entsteht die Möglichkeit, etwas negativ zu bezeichnen. Vgl. z. B. Johannes Scottus Eriugena, Periphyseon (De divisione naturae) I, I und II, zit. nach der Ausgabe von I. P. Sheldon-Williams, Bd. 1, Dublin 1978, S. 37 ff. Wir kommen darauf zurück.

Konsequenz dieses Ansatzes ist: daß es hierfür keinen Unterschied ausmacht, ob das Erkennen Wahrheit produziert oder Irrtümer. Offensichtlich ist in beiden Fällen die Physik, die Biochemie und die Neurophysiologie des Erkennens dasselbe. Wir haben für Irrtümer nicht andere Gehirne oder Gehirnteile als für Wahrheiten. Aber auch für bewußte und für kommunikative Erkenntnisoperationen gilt dasselbe.[15] Weder Bewußtseinssysteme noch Kommunikationssysteme sind entlang der Trennlinie wahr/unwahr empirisch gespalten. Dieselbe Art von Aufmerksamkeit und dieselbe Art von Sprache wird für beide Wahrheitswerte in Anspruch genommen. Nur so ist erklärbar, daß Irrtümer überhaupt irrig als Wahrheiten erscheinen und daß das Problem in der Eliminierung von Irrtümern liegt. Das autopoietische System operiert in bezug auf wahr/unwahr zunächst indifferent, und ebendas macht es möglich und nötig, einen entsprechenden binären Code zu oktroyieren. Aber wer oder was oktroyiert?

Alles Unterscheiden, also auch das von wahr und unwahr, ist Leistung eines Beobachters (denn wir definieren Beobachten als unterscheidendes Bezeichnen). Auch Beobachten ist Operieren und als solches unfähig, sich selbst zu unterscheiden. (Wenn ein Beobachter mit der Unterscheidung wahr/unwahr hantiert, kann er nicht zugleich unterscheiden, ob dieses Operieren selbst wahr oder unwahr ist.) Der vieldiskutierte Unterschied der Sätze »A ist« und »Es ist wahr, daß A ist« kommt also durch eine Beobachtung der Erkenntnisoperation, also eine Beobachtung des Beobachters zustande, wobei die primäre Beobachtung nur »A« von anderem unterscheidet.

Logiker mögen sich hier genötigt sehen, Ebenen zu unterscheiden. Das führt aber nur zurück in die Paradoxie ebendieser Unterscheidung. Empirische Erkenntnistheorien müßten statt dessen fragen, wie erkennende Systeme eine entsprechende Selbstbeobachtung organisieren, also die laufend produzierten Irrtümer un-

15 Die behaviouristische Erkenntnistheorie hatte sogar behauptet, der Erkenntnisprozeß sei *psychologisch* indifferent auch gegen die Unterscheidung von Erkenntnis und Gegenstand; auch sie werde durch einen Beobachter des Beobachters hineingesehen. Siehe Ness, a.a.O. und S. 131 ff., 163 ff., zur unterschiedlichen Psychologie wahrer und falscher Urteile, unterschieden anhand des Kriteriums des Fortführens bzw. Abbrechens von Verhaltenssequenzen (was aber nur Rückschlüsse auf *erkannte* Irrtümer zuläßt).

terscheiden und neutralisieren können. Auf diese Frage antwortet der Begriff der *binären Codierung.*[16]

Es gibt natürlich viele Möglichkeiten, Systeme mit der Fähigkeit zur Selbstbeobachtung auszustatten. Das Sozialsystem Wissenschaft zum Beispiel beobachtet sich nicht nur unter dem Code wahr/unwahr, sondern auch, ja vielleicht vorherrschend, unter dem Zweitcode der Reputation. Auf der Ebene der Erkenntnistheorie, das heißt beim Beobachten und Beschreiben von Systemen, die ihr Beobachten beobachten, muß man nach alldem verschiedene Unterscheidungen unterscheiden können, nämlich

(1) die Unterscheidung von Operation und Beobachtung, wobei die Beobachtung eine Operation besonderer Art ist, und zwar die Operation des Unterscheidens, was die Unterscheidung von Operation und Beobachtung zirkulär werden läßt (aber wir halten sie ja auch nur auf der Ebene (!) der Kybernetik zweiter Ordnung für nötig);
(2) die Unterscheidung der Systemreferenz (System *und* Umwelt) des Beobachters erster Ordnung von der Systemreferenz (System *und* Umwelt) des Beobachters zweiter Ordnung, die durch einen Beobachter dritter Ordnung getroffen werden müßte;[17]
(3) die Unterscheidung von Fremdbeobachtung und Selbstbeobachtung, was die Unterscheidung von System und Umwelt voraussetzt;
(4) die Unterscheidung, ob die Beobachtung des Beobachtens auf das zielt, was der beobachtete Beobachter beobachtet (womit er sich beschäftigt), oder auf das, was er nicht beobachten kann (seine Unterscheidung); und schließlich
(5) die Unterscheidung des binären Codes wahr/unwahr von anderen Formen der Selbst- bzw. Fremdbeobachtung.

Nur eine Erkenntnistheorie, die alle diese Unterscheidungen berücksichtigt, sie aufeinander bezieht und die dabei anfallenden

16 Vgl. auch Niklas Luhmann, »Distinctions directrices«: Über Codierung von Semantiken und Systemen, in: ders., Soziologische Aufklärung, Bd. 4, Opladen 1987, S. 13-31; ders., Ökologische Kommunikation, Opladen 1986, S. 75 ff.

17 Vgl. hierzu die Analysen zu der Frage: Welche Beobachtungen liegen einer Beschreibung zugrunde, wenn sie Sätze über die »Begrenztheit« der Reaktionsfähigkeit eines Organismus enthält? Bei Ness, a. a. O., S. 56 ff.

Paradoxien auflöst, sollte das Recht haben, sich als »konstruktivistisch« zu bezeichnen; denn nur sie stellt sich konsequent dem Gebot, alles, was als Erkenntnis produziert und reproduziert wird, auf die Unterscheidung von Unterscheidungen (im Unterschied zu: auf einen »Grund«) zurückzuführen. Solange die Erkenntnistheorie einen biologischen oder einen psychologischen Erkenntnisbegriff verwendet, solange sie sich also auf die Autopoiesis des Lebens oder auf die Autopoiesis des Bewußtseins bezieht, um zu begründen, daß Erkenntnis möglich ist, so lange kann sie für sich selbst den Status eines externen Beobachters reklamieren. Sie muß nur zugestehen, daß sie ihrerseits denselben physisch/chemisch/biologisch/psychologischen Bedingungen unterliegt wie das Erkennen, das sie beobachtet. Dies ändert sich mit einem soziologischen Begriff der Erkenntnis; denn es gibt nur eine Gesellschaft, nur ein umfassendes System der Autopoiesis von Kommunikation. So wird der Erkenntnistheoretiker selbst Ratte im Labyrinth und muß reflektieren, von welchem Platz aus er die anderen Ratten beobachtet. Dann führt die Reflexion nicht mehr nur auf die Gemeinsamkeit der Bedingungen, sondern darüber hinaus auch auf die Einheit des Systems der Erkenntnis; und alle »Externalisierung« muß als Systemdifferenzierung begründet werden. Erst die Soziologie der Erkenntnis ermöglicht einen radikalen, sich selbst einschließenden Konstruktivismus.

IV.

Auch wenn der Konstruktivismus so weit getrieben wird, bleibt er eine empirische Theorie. Man kann daher die Frage stellen, weshalb er uns als »radikal« erscheint. Dies läßt sich nur historisch erklären.

Keine Erkenntnistheorie der Tradition (Hegels Logik bedürfte einer besonderen Betrachtung) hat sich so weit vorwagen können, und offenbar deshalb nicht, weil der Platz, an dem von Ununterschiedenheit zu handeln wäre, durch die Theologie besetzt war.

Um das zu sehen, genügt es, Nikolaus von Kues zu lesen. Gott steht jenseits aller Unterscheidungen, selbst jenseits der Unterscheidung von Unterscheidungen und von Unterschiedenheit und

Nichtunterschiedenheit.[18] Er ist das non-aliud, das, was nicht anders ist als etwas anderes.[19] In ihm fällt alles, was das Unterscheiden transzendiert, insofern, als es das tut, zusammen – also das, was nicht größer, und das, was nicht kleiner, das, was nicht schneller, und das, was nicht langsamer gedacht werden kann (coincidentia oppositorum). Aber das, was damit bezeichnet sein soll, ohne unterschieden werden zu können, muß mit der Gotteslehre der christlichen Dogmatik übereinkommen. Es muß als Person und als Dreieinigkeit ausweisbar sein, und es ist zugleich (unterschiedslos) das ebendeshalb »geheime« Wesen der Dinge. Die Erkenntnistheorie hat dann vorauszusetzen, daß die Dinge, obzwar im Wesen unerkennbar, als »contractio« Gottes und damit als unterscheidbar geschaffen sind, daß Gott sich auf diese Weise in seiner Unerkennbarkeit erkennbar macht und daß die Wahrheit, obwohl letztlich unerkennbar, für Menschen in der Übereinstimmung ihrer Unterscheidungen mit denen der Dinge besteht.

Wollte man gleichwohl die mit Schriftzeugnissen belegbare Aussicht auf die Seligkeit (beatitudo) der visio Dei bewahren und zugleich auf der Ununterschiedenheit Gottes und folglich auf dem divinam essentiam per se incomprehensibilem esse[20] bestehen, mußte man die Beobachtungsmöglichkeiten in Gott retten, und zwar einerseits sich davor hüten, Gott Selbstbeobachtungsunfähigkeit zuzuschreiben, und andererseits es vermeiden, in die Nähe des Teufels als dem kühnsten Beobachter Gottes zu geraten. Dies erforderte hohes Geschick der Theologie auf der Ebene der second order

18 In einer relativ ausführlichen Passage heißt es z. B.: »Est (Deus, N. L.) enim ante differentiam omnem, ante differentiam actus et potentiae, ante differentiam posse fieri et posse facere, ante differentiam lucis et tenebrae, immo ante differentiam esse et non esse, aliquid et nihil atque ante differentiam indifferentiae et differentiae, aequalitatis et inaequalitatis et ita de cunctis« [»Er ist vor jedem Unterschied, vor dem Unterschied von Tatsächlichkeit und Möglichkeit, vor dem Unterschied des Werden-Können und des Machen-Können, vor dem Unterschied von Licht und Finsternis, auch vor dem Unterschied von Sein und Nichtsein, Etwas und Nichts, und vor dem Unterschied von Unterschiedslosigkeit und Unterschiedenheit, Gleichheit und Ungleichheit usw.«] (De venatione sapientiae [Die Jagd nach Weisheit], zit. nach Nikolaus von Kues, Philosophisch-Theologische Schriften, hg. von Leo Gabriel, Wien 1964, Bd. 1, S. 58 [59]).

19 Siehe De non-aliud, zit. nach Nikolaus von Kues, Philosophisch-theologische Schriften, Bd. 2, Wien 1966, Nachdruck 1982, S. 443-565.

20 Johannes S. E., a. a. O., S. 54.

cybernetics, also im Beobachten von Beobachtern – seien es die electi, sei es der Teufel, sei es schließlich Gott selber. Der Ausweg geriet dann in eine fatale Nähe zu der Annahme, Gott benötige die Schöpfung und die Verdammung des Teufels, um sich selber beobachten zu können, und führte zu Schriften, von denen Nikolaus meinte, daß unvorbereitete Geister mit ihren schwachen Augen sie lieber nicht lesen sollten.[21]

Der Partner für den Radikalen Konstruktivismus ist demnach nicht die Erkenntnistheorie der Tradition, sondern ihre Theologie (und zwar eine Theologie, die wegen ihrer Ansprüche an Genauigkeit über das hinausging, was die Theologie verkraften konnte). Man sieht dann leicht, daß man das Unterscheiden der Unterscheidungen, mit denen die Beobachter arbeiten und die im Beobachten der Beobachter zu beobachten sind, noch zu unterscheiden hat von dem Nichtunterschiedenen, das damals *Gott* hieß und heute, wenn man System und Umwelt unterscheidet, *Welt* oder, wenn man Gegenstand und Erkenntnis unterscheidet, *Realität*.

V.

Man wird nunmehr wissen wollen, wie Unterscheiden und Bezeichnen als eine einheitliche, aber zweikomponentige Operation möglich ist. Damit kommt man auf die bereits vorweggenommene Einsicht, daß stark einschränkende Bedingungen mitwirken müssen. Vermutlich spielt, jedenfalls im Bereich sinnhafter Operationen des Bewußtseins und der Kommunikation, eine Rolle, daß es gerade noch möglich ist, eine Zweiheit als Einheit im Blick zu halten; oder anders gesagt: Kontraste zu sehen. Außerdem wird man Zeit in Betracht ziehen müssen und dann feststellen können, daß hinreichend komplexe Systeme (und nur solche) in der Lage sind, kleine Unterschiede (z. B. Übergänge, die bei oszillierenden Eigenbewegungen auffallen) zu großen Wirkungen zu steigern mit Hilfe von Prozessen, die man als Abweichungsverstärkung oder mit einem Sprachgebrauch der Sprachforschung als Hyperkorrektion bezeichnen kann. Auch dies setzt selbstverständlich Abkopplung

21 Apologia doctae ignorantiae, in: Philosophisch-Theologische Schriften (hg. von Leo Gabriel), Bd. 1, Wien 1964, S. 578.

des Systems voraus, nämlich eine Eigenzeit für eigene Operationen bei unbezweifelbar gleichzeitig gegebener Umwelt. Das wiederum verweist auf das Erfordernis von Gedächtnis, nämlich einerseits auf eine laufende Konsistenzprüfung unter Aktivierung von jeweils einschlägigen Strukturen; und andererseits auf ein Beobachtungsschema, das anfallende Inkonsistenzen als räumliche bzw. zeitliche Unterschiede interpretiert und dadurch auseinanderzieht.

Auf diesem Wege kommen wir jedoch ersichtlich nur zu einer immer weiteren Spezifikation der evolutionären Unwahrscheinlichkeit, aber Möglichkeit erkennender Systeme. Wir würden auch sagen können, daß und vielleicht welchen Unterschied es macht, ob die Diskriminierfähigkeit des Erkennens in ihrer Autopoiesis biochemisch, psychisch oder kommunikativ fundiert ist. Wir wollen solche Forschungsprogramme hier jedoch nicht weiterverfolgen; denn sie würden nichts mehr beitragen zu einer Klärung der Differenz von Erkenntnis und Gegenstand. Wir erfahren auf diesem Wege etwas über die Realität der erkennenden Operationen, aber nichts über die Realität dessen, was sie außer sich als Unbekanntes und Unerkennbares voraussetzen müssen.

In der bereits zitierten »Widerlegung des Idealismus« benutzt Kant ein Zeitargument. Offenbar präsentiert die Umwelt etwas, was im Kontrast zu den beweglichen Operationen als beharrlich erscheint, also ein Zurückkehren, ein Wiederholen etc. erlaubt (wenngleich die dafür nötigen Identifikationen schon wieder Sache des erkennenden Systems sind). Kant argumentiert unscharf, hält dieses Beharrliche für eine Bedingung seines Daseins in der Zeit, während es allenfalls als Bedingung der Identifikation seines Daseins in der Zeit behandelt werden dürfte. Auch ist die umgekehrte Zeitrelation zu bedenken: Das erkennende System kann sich mit demselben Gegenstand befassen, während das, was sich so bezeichnet zu werden gefallen lassen muß, sich schon wieder geändert hat. Und noch erstaunlicher: das erkennende System kann, soweit es über Sprache verfügt, *konstante* Ausdrücke verwenden zur Bezeichnung von etwas, was als *inkonstant* gemeint ist – etwa das Wort Bewegung zur Bezeichnung von Bewegungen. Es braucht, mit anderen Worten, Veränderliches nicht durch Eigenveränderung zu simulieren. Das alles sind noch recht unschlüssige Anhaltspunkte dafür, daß die Ausdifferenzierung eines erkennenden Systems jedenfalls zu Zuständen führt, die zwar gleichzeitig, aber nicht mehr rhythmisch-synchron zur Umwelt geordnet sind; was nur erreicht werden kann, wenn auch in der Umwelt zeitliche Diskontinuitäten vorkommen, gegen die das System seine eigenen Operationen unterscheiden kann.

Wir können diese Überlegungen ergänzen durch Rückgriff auf einen in der akademischen Erkenntnistheorie bisher übersehenen Beitrag von Fritz Heider.[22] Es geht hier um die Realbedingungen der Möglichkeit von distanzierender Wahrnehmung. Heider postuliert als Eigenschaft der Außenwelt, die dies ermöglicht, eine Differenz von relativ loser und relativ fester Kopplung, also Luft auf der einen und Geräusche auf der anderen Seite, oder Licht auf der einen und sichtbare Objekte auf der anderen Seite. Wesentlich ist die Differenz; denn in dem Maße, als die Luft selbst Geräusche macht und das Licht selbst sichtbar wird, würden distinkte Wahrnehmungen unmöglich werden. Es muß mit anderen Worten physikalische Substrate in loser und in fester Kopplung geben, damit sich Systeme bilden können, die von dieser Differenz profitieren und mit ihrer Hilfe die eine Seite der Differenz, nämlich die Form, beobachten können. Das lose gekoppelte Substrat dient als Medium, das fest gekoppelte dient als Form. Die Differenz dient als Bedingung der Möglichkeit von Wahrnehmung unter der Bedingung, daß sie ihrerseits nicht wahrnehmbar ist. Sie ist die notwendig latente Struktur der Wahrnehmung, und nur eine Theorie des Wahrnehmens kann auf der Ebene der Kybernetik zweiter Ordnung, also im Beobachten des wahrnehmenden Beobachters, erkennen, daß dies so ist.

Es fällt nicht schwer, diese Medium/Form-Differenz zu generalisieren. Man kann zum Beispiel die akustisch bzw. optisch »körnige«, also lose gekoppelte Struktur der Sprache als Medium ansehen, mit dessen Hilfe Sätze geformt werden können; oder Geld als Medium der Preisbildung. Unter Sonderbedingungen können mithin Formen (wie Worte) wiederum Medium sein für ein erkennendes System, das sich nun diese Differenz invisibilisiert. Das zeigt die Reichweite des Gedankens, führt aber erneut von der Erkenntnistheorie weg. Entscheidend ist die Ausgangsannahme, daß es eine physikalisch (oder wie immer) angelegte Differenz von loser und

22 Siehe Ding und Medium, Symposium 1 (1926), S. 109-157; englische Übersetzung (gekürzt) in: Psychological Issues 1/3 (1959), S. 1-34.

fester Kopplung gibt, ohne die sich kein erkennendes System entwickeln könnte bzw. auf Koinzidenzen an den eigenen Grenzen ohne Raum/Zeit-Distanz zur Umwelt angewiesen bliebe.

Eine verfeinerte Begriffsarbeit könnte hinzufügen, daß das Medium durch die Formung nicht verbraucht werden darf, sondern sich regenerieren muß; daß die Form jeweils stärker (durchsetzungsfähiger) ist als das Medium, ohne daß dem eine heimliche Rationalität zugrunde läge; und daß auch das jeweilige Medium als lose gekoppeltes Substrat (also immerhin als Kopplung, also als Struktur) wieder als Form wahrnehmbar ist, wenn dafür ein geeignetes Medium (etwa ein Meßapparat mit hohem Auflösevermögen) zur Verfügung gestellt werden kann.[23] Man gelangt auf diese Weise schließlich zur Quantenphysik als einer Theorie, die nur noch das Beobachten von Physikern durch Physiker beschreibt, also nur auf der Ebene der Kybernetik zweiter Ordnung etabliert ist und die Realität, korrelativ dazu, als unbestimmbar beschreibt. Das hieße dann aber nur, daß das Beobachten des Beobachtens, das Messen und das Prognostizieren der Resultate von Messungen Formen produziert, die sich selbst zum Medium machen. Wir wissen heute, daß dies möglich ist. Wir experimentieren damit auch auf anderen Gebieten, zum Beispiel in der modernen Lyrik. Aber das besagt nicht, daß die Selbstbeobachtung der Welt ohne die latente Differenz von Medium und Form möglich wäre.

Erkenntnis ist also nicht in einer »beliebigen«, sondern nur in einer dafür geeigneten Umwelt möglich. Das berechtigt uns jedoch nicht, daraus auf »Anpassung« der Erkenntnis an die Realität zu schließen.[24] Erst recht kann der evolutionäre Optimismus einer Selbstregulationskybernetik nicht mitvollzogen werden, die sowohl Leistungsverbesserungen als auch Anpassung mit ein und demselben Modell zu erklären sucht. Jedenfalls machen wissenschaftliche Forschungen, gesehen im Kontext der Ökologie, eher den gegenteiligen Eindruck. Die Abweichung von dem, was vorgegeben zu sein scheint, nimmt ständig zu, da die Erkenntnis in immer kühne-

23 Dies unterscheidet die Unterscheidung Medium/Form von der traditionellen Unterscheidung Materie/Form, die schließlich bei einem Begriff der unkörperlichen Materie anlangte, weil Materie ohne Form angesichts der quantitativ/qualitativen Bestimmtheit aller Körper anders nicht zu denken war.

24 Dieser Fehlschluß bei von Glasersfeld, a. a. O., S. 80 f., 112, 200 ff. (was seinen radikalen Konstruktivismus radikal deradikalisiert).

ren Schwüngen sich selber korrigiert. Das ist – im Moment noch, würden heute manche sagen – real möglich; aber man könnte imstande sein, deutlicher und risikobewußter zu beschreiben, was da geschieht. Die Erkenntnis projiziert Unterscheidungen in eine Realität, die keine Unterscheidungen kennt. Sie gibt sich damit eine Freiheit, die ebenfalls nicht vorgesehen ist. Man würde heute nicht mehr annehmen, daß sie als Freiheit ursachelos operiert,[25] denn auch das wäre ja ein Urteil über Attribution, also Erkenntnis.

Aber man kann sich fragen, und eine Erkenntnistheorie sollte heute dazu in der Lage sein, welche Art Ordnung in einem solchen Prozeß fortgesetzter Abweichungsverstärkung erreichbar sein wird.

VI.

Immerhin gibt es also einige Anhaltspunkte dafür, daß die unbekannt bleibende Realität, wäre sie total entropisch, keine Erkenntnis ermöglichen würde. Nur kann das Erkennen das, was von dieser Seite her Bedingung der eigenen Möglichkeit ist, nicht in die Form einer Unterscheidung bringen; denn das wäre, im Widerspruch zur Intention des Durchgriffs nach draußen, schon wieder eine Eigenleistung. Die Erkenntnis bleibt einzigartig als unterscheidungsbasierte Konstruktion. Als solche kennt sie nichts, was außerhalb ihrer ihr selbst entsprechen würde. Es mag im Bereich dieses »Außerhalb«, den die Erkenntnis mit der Unterscheidung von Selbstreferenz und Fremdreferenz als »Gegenstand« bezeichnet, Bedingungen der Möglichkeit von Erkenntnis geben; und wir können vermuten, daß diese in zeitlichen und sachlichen Diskontinuitäten stecken, in Differenzen von Variationsgeschwindigkeiten oder in Differenzen der strukturellen Kopplung von Elementen. Aber wenn dies so ist, ist die Erkenntnis darauf angewiesen, diese Unterscheidungen *nicht* zu benutzen, weil sie nur mit diesem Verzicht eine operative Schließung erreichen kann.

Damit kehren wir noch einmal zu der Frage zurück, ob es nicht gerade deshalb differenzlose (und damit: paradoxiehaltige) Begriffe geben müsse. Der Gottesbegriff der Tradition hatte diese Frage auf sich gezogen und damit absorbiert. Manchen mag dies genügen.

25 So der Teufel bei Anselm von Canterbury. Siehe De casu diaboli, a. a. O.

Wir wollen, ohne uns hier festzulegen, drei weitere Begriffe vorstellen, die ganz entfernt an die Trinitätslehre erinnern könnten.

Von *Welt* soll die Rede sein, um die Einheit der Differenz von *System und Umwelt* zu bezeichnen. Von *Realität* soll die Rede sein, um die Einheit der Differenz von *Erkenntnis und Gegenstand* zu bezeichnen. Von *Sinn* soll die Rede sein, um die Einheit der Differenz von *Aktualität und Possibilität* zu bezeichnen. Alle diese Begriffe sind differenzlos in dem Sinne, daß sie ihre eigene Negation einschließen. Die Negation der Welt kann nur in der Welt vollzogen werden. Die Negation von Realität kann nur als reale Operation vollzogen werden. Die Negation von Sinn schließlich macht keinen Sinn, wenn sie keinen Sinn macht. Differenzlosigkeit heißt also in all diesen Fällen, daß man das damit Bezeichnete nicht von einem Gegenbegriff her definieren kann, sondern nur von einer sehr spezifischen Unterscheidung her, die ihm zugrunde liegt.

Daß es sehr spezifische (und keineswegs beliebige) Ausgangsunterscheidungen sein müssen, sei nochmals unterstrichen.[26] Das bestätigt die These, daß Erkenntnis, trotz und gerade wegen des Erfordernisses der Einschließung, eine extrem unwahrscheinliche Operationsweise ist. Die genannten Grenzbegriffe sind nur von der Erkenntnis aus zu gewinnen, und es gibt hier, verglichen mit der Unzahl möglicher Unterscheidungen, nur wenige Möglichkeiten. Ferner ist zu beachten, daß die genannten Unterscheidungen System/Umwelt, Erkenntnis/Gegenstand, Aktualität/Possibilität eine auffällige Asymmetrie aufweisen. Sie sind nur auf einer Seite anschlußfähig; und sie ermöglichen nur auf einer Seite ein re-entry im Sinne der Logik von Spencer Brown, das heißt: einen Wiedereintritt der Unterscheidung in das Unterschiedene. So kann die Welt nur im System ein Orientierungsbegriff sein, der die Differenz von System und Umwelt in das System wiedereinführt. So ist die Differenz von Erkenntnis und Gegenstand eine erkenntnisimmanente Unterscheidung und entsprechend die Annahme, daß Realität etwas beide Seiten Übergreifendes sein müsse, im Vollzug der Erkenntnis selbst basiert. Und so gibt schließlich die Differenz von Aktualität und Possibilität nur dann Sinn, wenn sie in actu vollzogen wird, das heißt die momentan vollzogene Operation auf einen Horizont anderer Möglichkeiten verweist (aber dies gleichgültig,

26 Insofern ist auch »ultimate reality« niemals das Absolute – wie z. B. bei F. H. Bradley, Essays on Truth and Reality, Oxford 1914.

ob es sich dabei um Realmöglichkeiten handelt oder um solche, die nur gedacht sind oder nur fiktional vorgestellt werden).

Man kann in diesen Analogien eine Struktur erkennen, die der Auflösung der Paradoxie der Einheit des Differenten dient. Eine solche Paradoxie sieht freilich immer nur ein Beobachter. Das heißt dann auch, daß die Form einer Theorie, die von ihrer Funktion der Auflösung von Paradoxien her beschrieben wird, die Frage nach funktionalen Äquivalenten zuläßt. Oder, wenn sie das Paradox des Beobachters als den Beobachter ansetzt, die Frage nach Gott.

In jedem Falle liegt das Problem nicht auf der Ebene des einfachen Vollzugs der autopoietischen Operationen derjenigen Systeme, die sich auf ein Unterscheiden und Bezeichnen und Beobachten und Beschreiben einlassen. Auch hierzu kann man nur sagen: es geschieht, wenn es geschieht; und es geschieht nicht, wenn es nicht geschieht. Will man dagegen unterscheiden, was geschieht, muß man das Geschehen als Beobachten beobachten. Und ebendas ist die Aufgabe der Erkenntnistheorie.

VII.

Welche Bedingungen auch immer gegeben sein müssen, damit Erkenntnis real möglich wird, sie kann ihre Bedingungen an ihrer eigenen Möglichkeit erkennen. Sie kann dies im Betätigen ihrer Möglichkeit unterstellen. Sie tut, was sie tut, und erweist sich damit als möglich. Das Problem liegt nicht hier. Es liegt nicht in den Bedingungen der Steigerung und heute zunehmend: in den Bedingungen der Umweltkompatibilität der Steigerung von Erkenntnisleistungen. Klassische Theorien hatten diese Kompatibilität im Begriff der Erkenntnis selbst vorausgesetzt und mit Formeln wie assimiliatio, Repräsentation oder Anpassung artikuliert. Selbst kybernetische Erkenntnistheorien gehen zuweilen noch davon aus, daß durch Ausbau und selbstreferentielle Vernetzung der Regelkreise sich die Anpassung der Erkenntnis an die Umwelt im Laufe der Evolution verbessere. Wir ersetzen diese Perspektive durch die Frage, wie unter der Bedingung kognitiver Schließung ein System Eigenkomplexität aufbaut und in diesem Sinne kognitive Leistungen steigert.

Es liegt nahe, hier an Sprache zu denken, und in der Tat gibt es enge Zusammenhänge zwischen Sprachforschung und erkenntnistheoretischem Konstruktivismus. Maturana zum Beispiel macht, wie bereits erwähnt, den Begriff des Beobachters abhängig von der Verfügung über Sprache. Auch Ernst von Glasersfeld sieht in der Sprachforschung das Schlüsselproblem und die empirische Beweisgrundlage des radikalen Konstruktivismus.[27] Dem kommt entgegen, daß die Linguistik seit Saussure ohnehin die Zeichentheorie im Sinne einer Außenreferenz der Sprache aufgegeben hat und das Wort Zeichen (und seine Derivate wie semiologie, semiotics) nur noch festhält als Begriff für operativ benutzte Elemente des Systems.

Genau damit verdeckt man sich jedoch ein Problem. Denn die Erkenntnisoperationen sind je nach der Art des Systems, das sie durchführt, völlig verschieden. Man muß zwischen psychischen und sozialen Systemen, zwischen aktuell operierendem Bewußtsein und Kommunikation unterscheiden. Beide Systeme können Sprache benutzen, zur Artikulation des Denkens ebenso wie zur Artikulation von Kommunikation. Für beide Systeme wird ein eigener Komplexitätsaufbau in dem uns geläufigen Ausmaße erst durch Sprache ermöglicht. Beide Systeme operieren gleichwohl als geschlossene Systeme unter völlig getrennten operativen (autopoietischen) und strukturellen Bedingungen. Es gibt nicht die geringste operative Überschneidung, weil die rekursive Vernetzung mit anderen Operationen des jeweiligen Systems alles, was in einem System als elementare Operation fungiert, unter völlig verschiedene Anschlußbedingungen setzt.

Man kann also Sprache einerseits nicht ignorieren und darf ihre Tragweite auf keinen Fall unterschätzen. Sie ist aber andererseits auch nicht das System, das die Konstruktion der Erkenntnis als Realoperation ermöglicht. Sie ist überhaupt kein System. Sie leistet vielmehr die strukturelle Kopplung von Bewußtsein und Kommunikation. Das heißt: Sprache bildet ein eigenes Medium (seien es Laute, seien es optische Zeichen, seien es auf dieser Grundlage Worte), das sie zu eigenen Formen koppelt. Sie stellt damit den sich beteiligenden Systemen eine hochspezifische Medium/Form-Differenz *als Medium* zur Verfügung, so daß sich im Bewußtsein wie auch in der Kommunikation sprachspezifische Formen bilden können, sei es, daß man sprachlich denkt, sei es, daß die Kommu-

27 Siehe seine Aufsatzsammlung Wissen, Sprache und Wirklichkeit, a. a. O. (1987).

nikation von Moment zu Moment andere Sätze bildet, also sprachliche Möglichkeiten durch Kopplung und Entkopplung nutzt.

An diesen Komplikationen, die wir nicht vermeiden können, wenn wir an der Absicht festhalten, Systeme von ihren basalen, grenzziehenden Operationen her zu begreifen, zerbricht die Allianz von Sprachtheorie und Konstruktivismus. Die Sprache behält eine zentrale Funktion für die laufende strukturelle Kopplung von psychischen und kommunikativen Operationen. Sie fasziniert das Bewußtsein. Sie zentriert Aufmerksamkeit auf ihr Sonderrepertoire von auffälligen phonetischen oder optischen Formen. Sie stellt sicher, daß, wenn Kommunikation läuft, auch das dafür nötige Bewußtsein in ausreichendem Umfange mitaktiviert wird. Sie schränkt die Freiheitsgrade des Bewußtseins während der laufenden Kommunikation ein, obwohl es immer noch möglich bleibt, gleichzeitig nichtkommunikatives Geschehen wahrzunehmen, nichtkommunizierte Sinngehalte mitzuüberlegen und vor allem: mit Sprache bewußt zu täuschen. Auch kann man sich während der Kommunikation auf die Aufzeichnungsfähigkeit psychischer Systeme, auf ihr Gedächtnis, stützen, und solange es keine Schrift gibt, hängt die Fortsetzung der Kommunikation von dieser Voraussetzung ab, wie immer sie die faktischen Gedächtnisleistungen überschätzen mag. Auf der anderen Seite bliebe auch das Bewußtsein ohne die Möglichkeit, Gedanken phonetisch oder optisch in Wortform zu imaginieren, extrem abhängig von dem, was es im Moment wahrnimmt (wenn man in diesem Fall überhaupt von Bewußtsein sprechen will).

All diese Überlegungen lassen die Bedeutung einer mit Komplexitätsgewinnen kompatiblen strukturellen Kopplung psychischer und sozialer Systeme erkennen. Sie ist nur durch Sprache zu erklären. Dennoch spricht die Sprache nicht selber. Sie mag für die Konstruktion von Erkenntnis Formen bereithalten oder genauer: eine spezifische Differenz von Medium und Form bereithalten. Aber für die psychische ebenso wie für die soziale Realisation kognitiver Operationen gelten zahlreiche weitere Beschränkungen, die man nicht über linguistische, sondern nur über psychologische bzw. soziologische Analysen einsichtig machen kann. Das gilt nicht zuletzt für die Bedingungen der selbstreferentiellen, autopoietischen Schließung der Systeme und für ihre internen Konsequenzen.

Solange man Systeme mit dem vagen Begriff des »Zusammenhangs« definiert hatte,[28] konnte die vorstehende Analyse nicht vorgeschlagen werden. Denn natürlich hängen Bewußtsein und Kommunikation und Sprache zusammen, und dies so sehr, daß man in der Tradition auch der Systemtheorie gar nicht auf den Gedanken kommen konnte, hier verschiedene Systeme zu sehen. Man unterschied dann in einer nicht zureichend explizierbaren Begrifflichkeit Mensch und Natur oder »Geisteswissenschaften« und »Naturwissenschaften«. Wenn man dagegen Systeme nicht mehr als besondere Objekte ansieht, die intern besonders dicht zusammenhängen, sondern statt dessen von der Differenz von System und Umwelt ausgeht, gelangt man zu einem ganz anderen Theoriedesign. Die Leitfrage lautet dann: welche (autopoietischen) Operationen schließen ein System? Und weiter: welche Form struktureller Kopplung nimmt, wenn solche Schließung entsteht, der Zusammenhang von System und Umwelt an.

Eine solche Umstellung hat weittragende, gegenwärtig noch kaum übersehbare Konsequenzen. Für die Erkenntnistheorie führt sie zu der radikal konstruktivistischen These, daß Erkenntnis nur möglich ist, wenn und weil sich Systeme auf der Ebene ihres Unterscheidens und Bezeichnens operativ schließen und auf diese Weise indifferent werden gegen das, was als Umwelt damit ausgeschlossen ist. Die Einsicht, daß Erkenntnis nur durch Abbruch von operativen Beziehungen zur Außenwelt erreichbar sei, besagt deshalb nicht, daß Erkenntnis nichts Reales sei oder nichts Reales bezeichne; sie besagt nur, daß es für die Operationen, mit denen ein erkennendes System sich ausdifferenziert, keine Entsprechungen in der Umwelt geben kann, weil, wenn es so wäre, das System sich laufend in seine Umwelt auflösen und das Erkennen damit unmöglich machen würde.

28 Oft in der Form, daß Systeme intern fester oder dichter zusammenhängen als mit ihrer Umwelt.

Gibt es ein »System« der Intelligenz?

I.

Gibt es ein »System« der Intelligenz? Nein, sicher nicht. »The most ingenious way of becoming foolish, is by a system«, meinte Anthony, Earl of Shaftesbury aus der Sicht eines in jeder Hinsicht moderaten Intellektuellen,[1] und daran dürfte sich seitdem kaum etwas geändert haben. Im Gegenteil: die intellektuellen Moden und die entsprechenden Beteiligungspflichten als Intellektueller ändern sich heute so rasch, daß man zu rasch aus der Mode kommen würde, wollte man sich auf ein System festlegen.

Daß es »Grand Theories« nach wie vor geben kann und geben sollte, ist damit nicht bestritten. Aber sie haben, wenn sie »intellektuell« zelebriert werden (was nicht sein muß), zugleich etwas Spielerisches, Künstlerisches, Selbstironisierendes an sich. Man führt eine Konstruktionsanweisung aus und sieht, wie weit man kommt.

Allerdings ist mit dieser Ablehnung von »System« als Form der Identifikation von Intelligenz noch nicht viel erreicht. Wir wissen noch nicht, um was es sich handelt, wenn nicht um ein System; und um was es denn geht, wenn nicht darum, alles auf einen Punkt zu bringen.[2] Als Soziologe wird man sich angesichts dieser Frage nicht auf Intelligenzmessungen einlassen wollen, denn das würde zu viel verborgene und verbogene Intelligenz zutage fördern und jedenfalls ins sozial Folgenlose führen. Eher könnte man an eine empirische Skalierung denken, die auf öffentliche Kommunikation abstellt. Wer sich an der Diskussion über die »Postmoderne« beteiligt, ist ein Intellektueller. Wer nicht, muß an Hand weiterer, ähnlicher Themen geprüft werden, etwa »Chaos«, »Ethik«, »Sozialismus«. Auch das würde jedoch nicht sehr weit führen, obwohl sicher zu bemerkenswerten Resultaten. Denn wir wüßten dann immer noch nicht, um was es sich eigentlich handelt. Mit empiri-

1 So in Soliloquy, zit. nach: Characteristics of Men, Manners, Opinions, and Times, 2. Aufl., o. O. 1714, Nachdruck Farnborough Hants, UK 1968, Bd. 1, S. 290.

2 So der traditionelle Sinn von »System« nach Auskunft des Wörterbuchs Geschichtliche Grundbegriffe: Historisches Lexikon zur politisch-sozialen Sprache in Deutschland s. v. System, Struktur (Bd. 6, Stuttgart 1990, S. 285-322).

schen Methoden weicht man, gerade weil sie zuverlässig sind in der Produktion von Ergebnissen, Begriffsfragen aus.

Der einzige Vorschlag, den weiter zu verfolgen ich für lohnend halte, stammt von Talcott Parsons: Intelligenz sei ein »symbolisch generalisiertes Medium«.[3] Dabei geht es nicht um eine Eigenschaft von Personen, sondern um ein allgemeines Austauschmedium des Handlungssystems. »Intelligenz ist eine generalisierte *Fähigkeit*, die von jeder einzelnen Handlungseinheit eingesetzt wird, um zur Implementierung kognitiver Werte durch Wissen, durch den Prozeß kognitiven Lernens, durch Erwerb und Anwendung von Kompetenz sowie durch das Muster der Rationalität beizutragen.«[4] Besonders den Universitäten wird das »banking« von Intelligenz zugetraut mit der Folge, daß hier über Inflation bzw. Deflation des Mediums entschieden wird.[5] Mit dieser Darstellung befinden wir uns jedoch unversehens im System, im System der Theorie von Talcott Parsons; und wir müßten bei einer genauen Anwendung des Begriffs unsere (intellektuelle) Beweglichkeit erheblich einschränken.

Das kann man jedoch umgehen, wenn man den Begriff des symbolischen Mediums aus der Theorie von Parsons herausabstrahiert und für eine zunächst systemfreie Definition sorgt. In lokkerer Anlehnung an einen Begriffsvorschlag von Fritz Heider, der aber nur auf Medien der Wahrnehmung bezogen war,[6] gehen wir im Folgenden von einer bestimmten Unterscheidung aus, nämlich der Unterscheidung von loser und fester Kopplung massenhaft vorkommender Elemente. Es gibt also im Begriffsbereich »Medium« ein mediales Substrat (bei Heider etwa: Licht) und in diesem Medium gebildete Formen (bei Heider: Dinge). Mediales Substrat und Form bilden eine Reproduktionsgemeinschaft in dem Sinne, daß ein Medium nur durch Formbildung erhalten und reproduziert werden kann. Als reines Medium bleibt es unbeobachtbar wie Materie. Aber umgekehrt gilt auch, daß Formen nur in einem Medium gebildet werden können. Sie verbrauchen das Medium nicht – so wenig wie Satzbildung die Sprache verbraucht. Sie re-

3 Siehe in deutscher Übersetzung: Talcott Parsons, Gerald M. Platt, Die amerikanische Universität, Frankfurt/M. 1990, insb. S. 40, 99 ff.

4 A. a. O., S. 100.

5 A. a. O., S. 401 ff.

6 Siehe Fritz Heider, Ding und Medium, Symposion I (1926), S. 109-157.

produzieren es, indem sie Möglichkeiten der Formbildung und der Wiederauflösung solcher festen Kopplungen erkennbar werden lassen. Jede Form »potentialisiert« das Medium, indem sie andere – und zwar auch und gerade: abgelehnte – Möglichkeiten der Formbildung bewahrt und für Rückgriffe bei geeigneten Gelegenheiten verfügbar hält.[7] Das mediale Substrat bildet dabei den invarianten Hintergrund, vor dem Formen auftreten, spielen, wechseln. Und es entlastet die Formen von der Notwendigkeit, selbst für Dauer zu sorgen. Sie können aus dem Medium immer neu gebildet werden – was nicht ausschließt, sie zu sakralisieren, zu musealisieren oder sonstwie längerfristig in den Status »klassischer« Zeugnisse zu versetzen.

Deshalb erscheint die Differenz von Medium und Form nicht zuletzt als Zeitdifferenz. Die Formen treten nur vorübergehend in Kraft, während das Medium bleibt und ihre Reproduktion in anderen Formen ermöglicht. Das gilt für Preise im Medium des Geldes, für Weisungen im Medium der Macht, für Sätze im Medium der Sprache und ebenso für Ideen, Zeichen, Beschreibungen im Medium der Intelligenz. Dieser Zeitaspekt der Medium/Form-Differenz setzt in operativer Hinsicht dynamische, endogen unruhige Systeme voraus, die ihre eigene strukturelle Stabilität nur über Zustandswechsel erreichen können. Die durch Massenmedien vermittelte öffentliche Kommunikation bietet diese Voraussetzung für das Medium Intelligenz. Die Intelligenz hat es daher ständig mit alt gewordenen Gestalten des Lebens zu tun – aber nicht in dem Sinne, den Hegel vor Augen hatte; nicht in der Weise, daß sie sich nicht verjüngen, sondern nur noch erkennen ließen?[8] Das Altgewordensein wird vielmehr als Aufforderung zur Variation, zum Widerspruch, zur Überbietung, aufgefaßt. Nicht so, daß dies wie aus einer Naturnotwendigkeit heraus ständig geschehen müßte. Aber wenn nicht, handelt es sich eben nicht um das Medium Intelligenz.

Medien unterscheiden sich danach durch die Art ihrer Elemente (die ihrerseits wieder Formen im Bereich anderer, fundamentalerer Medien sind) und durch die Art der Formen, die sie bilden. So sind Sätze Formen im Medium der Sprache, Zahlungen (in einer stets bestimmten Höhe) Formen im Medium des Geldes, Weisungen

7 Der Begriff der »potentialisation« stammt von Yves Barel, Le paradoxe et le système: Essai sur le fantastique social, 2. Aufl., Grenoble 1989, insb. S. 71 f., 185 f., 302 f.

8 So in Grundlinien des Rechts, Vorrede.

Formen im Medium der Macht. Relativ erfolgreiche Medien dieser Art lassen sich leicht identifizieren, weil sie laufend in Gebrauch sind und die Gesellschaft heute ohne sie kaum gedacht werden kann. Bei der Frage, ob Intelligenz ein Medium ist, geraten wir jedoch in größere Schwierigkeiten. Was wären hier die Elemente, die Kopplungen, die Formen? Aber auch: was könnte es denn sonst sein, wenn es kein Medium wäre?

II.

Als erstes wäre zu prüfen, ob die bereits klassischen Beschreibungen des »Intellektuellen« weiterhelfen. Das mag schon aus dem Grunde fraglich sein, weil Intellektuelle selbst Produkte im Medium der Intellektualität sind. Das gilt für die Beschreibung als sozial unabhängige Kritiker (die sich gleichwohl in Salons empfangen und bewirten lassen).[9] Es gilt auch für die »sozial frei schwebende Intelligenz« eines Mannheim, die ein Theorieproblem der Wissenssoziologie durch (wie man heute sagen würde:) Gödelisierung zu lösen hatte.[10] Es gilt für die Dialektiker der Aufklärung, die am Problem der Aufklärung über sich selber leiden.[11] Es gilt für alle, die aus Beobachtungsverhältnissen zweiter und dritter Ordnung nicht mehr herausfinden – nach dem Muster von: uno, nessuno e centomila.[12] Es gilt *nicht* für die bloß protestierenden Kritiker, die dem Wertewandel und den Zeitthemen mit der Gewohnheit folgen zu protestieren;[13] denn hier kommt die Formen-

9 Siehe (Simon-Nicolas-Henri) Linguet, Le fanatisme des philosophes, London, Abbeville 1764.

10 Vgl. Karl Mannheim, Ideologie und Utopie, 3. Aufl., Frankfurt/M. 1952, S. 134 ff., und dazu aus heutiger Sicht Bernhard Giesen, Die Entdinglichung des Sozialen: Eine evolutionstheoretische Perspektive auf die Postmoderne, Frankfurt/M. 1991, S. 243 ff.; ferner zu »Gödelisierungen« Douglas R. Hofstadter, Gödel, Escher, Bach: An Eternal Golden Braid, Hassocks Sussex, UK 1979.

11 Gemeint sind natürlich: Max Horkheimer/Theodor W. Adorno, Dialektik der Aufklärung: Philosophische Fragmente, Amsterdam 1947, zit. nach der Ausgabe Theodor W. Adorno, Gesammelte Schriften, Bd. 3, Frankfurt/M. 1981.

12 Siehe Luigi Pirandello, Uno, nessuno e centomila, zit. nach Tutti i romanzi, Bd. 2, Mailand 1973, S. 737-902.

13 Um diese zahlenmäßig stärkste Gruppe von »Intellektuellen« auszugrenzen, genügt es, ihr eigenes Medium zu bezeichnen, nämlich den zu immer neuen For-

bildung eher durch Reflexe, jedenfalls nicht durch Reflexion zustande.

Nimmt man diese Beispiele von Intellektuellen als Beispiele für Intelligenz, dann kommt man auf den Gedanken, daß es sich beim Medium Intelligenz um die Entfaltung von Paradoxien handeln könnte. Die Paradoxie wäre dann das mediale Substrat, die Unterscheidungen, mit denen sie in feststehende Identitäten aufgelöst wird, wären die Formen. Diese in die Nähe von Logik führende Überlegung bedarf einer knappen Erläuterung.

Unter Paradoxie verstehen wir einen Gegenstand einer Beobachtung, die den Beobachter zum endlosen Oszillieren zwischen zwei Positionen zwingt. Die logischen, mengentheoretischen, epistemologischen Paradoxien bieten bekannte Illustrationen; aber auch die rhetorischen Paradoxien der Renaissance-Literatur wären zu nennen,[14] paradoxe Anweisungen der verschiedensten Art[15] und nicht zuletzt die allgemeinste Paradoxie des Unterscheidens – die Paradoxie des Beobachtens selbst, das eine Unterscheidung verwenden muß, um die eine Seite der Unterscheidung (das heißt: überhaupt irgend etwas) bezeichnen zu können, dabei aber die Unterscheidung selbst nicht bezeichnen oder nur mit Hilfe einer anderen Unterscheidung bezeichnen kann, für die dasselbe gilt.[16] Ein Beobachter ist also nicht in der Lage, sein Beobachten zu beobachten, weil er sein Unterscheiden nicht beobachten kann. Das muß ihn nicht beunruhigen, da er schließlich genug beobachten kann, um beschäftigt zu bleiben. Aber wenn es ihn beunruhigt, etwa weil

men gebundenen Protest. Dies Medium stellt gewisse Ansprüche an politisches Engagement, aber kaum Ansprüche an Intelligenz.

14 Hierzu Ulrich Schulz-Buschhaus, Vom Lob der Pest und vom Lob der Perfidie: Burleske und politische Paradoxographie in der italienischen Renaissance-Literatur, in: Hans Ulrich Gumbrecht/K. Ludwig Pfeiffer (Hg.), Paradoxien, Dissonanzen, Zusammenbrüche: Situationen offener Epistemologie, Frankfurt/M. 1991, S. 259-273. Auch weitere Beiträge dieses Bandes gehören in diesen Zusammenhang.

15 Sei natürlich, ist eine der bekanntesten. Ein anderes Beispiel fand ich am Telephon in einem Appartment in Brisbane: »If defect, please call Nr … .« Die »Entfaltung« dieser Paradoxie liegt dann in der Unterscheidung dieses Telephons und anderer.

16 Für den Anwendungsfall des Kunstwerks siehe meinen Beitrag Weltkunst, in: Niklas Luhmann/Frederick D. Bunsen/Dirk Baecker, Unbeobachtbare Welt: Über Kunst und Architektur, Bielefeld 1990, S. 7-45.

er an Vollständigkeit einer ihn selbst einschließenden Weltbeobachtung interessiert ist,[17] gerät er unter den Formzwang des Mediums der Intelligenz. Er findet sich vor einer Paradoxie, die nichts und alles ermöglicht; und wenn er sich selbst als System begreift, das heißt: sich als rekursiv operierend unter Fortsetzungszwang stellt, muß er sehen, wie er aus dieser Blockierung herauskommt.

Die Logik hat hierfür Paradoxieausschließungsregeln entwikkelt, etwa die der Typenhierarchie von Russell, die aber nicht überzeugen, weil sie selber paradox sind. Sie verbieten einfach, die Frage nach der Einheit ihrer Unterscheidungen (i. e. der Typen, der Ebenen) zu stellen, mit der Begründung, daß anders eine paradoxiefreie Logik nicht zustande käme. Das mag zwar sein, impliziert aber zugleich, obwohl man nahe dran war, den Verzicht auf die Benutzung des Mediums der Intelligenz. Der Publikumserfolg (Intellektuellenerfolg) eines Buches wie Hofstadters »Gödel, Escher, Bach«[18] lehrt, daß man damit nicht länger zufrieden ist. Die Logik sollte, so kann man daraus schließen, ihre eigene Domäne durch eine spezifische Art der Paradoxieentfaltung begründen.[19]

Aber wie ist das Verhältnis der Paradoxie zu ihrer eigenen Entfaltung[20] zu verstehen? Kreativ und informativ – so viel ist bereits gesagt worden.[21] Will man es genauer wissen, kann man die Unterscheidung von Medium und Form benutzen. Wie alle Unterscheidungen ist auch diese paradoxogen angelegt. Man kann sie

17 Andere Motive könnten in der sozialen Kommunikation liegen: in Verblüffungseffekten, Verunsicherungsanstößen, Alarmierbemühungen. In der Tradition lagen in diesem Bereich Aufgaben der Religion, auch der Kunst.

18 A. a. O. (1979).

19 Nahestehend, aber als Mathematik begriffen, weil es nicht um die Wahrheit/Unwahrheit von Aussagen geht, George Spencer Brown, Laws of Form (1969), zit. nach dem Neudruck New York 1979.

20 Zum Begriff »Entfaltung« vgl. Lars Löfgren, Unfoldment of Self-Reference in Logic and Computer Science, in: Finn V. Jensen/Brian H. Mayohl/Karen K. Moller (Hg.), Proceedings of the 5th Scandinavian Logic Symposium, Aalborg 1979, S. 205-229. Auch wenn man dabei mit Löfgren in Richtung auf eine logische bzw. linguistische Typenhierarchie argumentiert und nicht berücksichtigt, daß diese das Problem nur wiederholt, wird klar, daß es sich um einen Symmetriebruch handeln muß (»Unfolding breaks the identity of the self-referring set«, a. a. O. S. 216 f.) und daß dies nur ab extra geschehen kann.

21 Siehe Klaus Krippendorff, Paradox and Information, in: Brenda Dervin/Melvin J. Voigt (Hg.), Progress in Communication Sciences, Bd. 5, Norwood, N. J. 1984, S. 45-71.

als Zirkel beschreiben, denn Formen kommen nur im Medium zustande, das seinerseits unsichtbar bleibt bzw. nur als das erfaßt werden kann, was die Bildung und Wiederauflösung von Formen ermöglicht. Formen selbst sind aber nichts weiter als Markierungen einer Unterscheidung, die dazu dienen, zwei Seiten zu trennen, von denen jeweils die eine Seite bezeichnet (Linguisten würden sagen: »markiert«) wird, während die andere nur dazu dient, den Ausschlußbereich der Bezeichnung mitzuführen.[22] Unter diesen Formbegriff fallen dann alle konkreten Dinge und Ereignisse, die die Welt im übrigen als »unmarked state« (Spencer Brown) unbezeichnet lassen, aber auch abstraktere Unterscheidungen wie die von Beobachtern und Beobachtetem, von System und Umwelt; und schließlich auch die Unterscheidung von Form und Medium selber. Die Form ist also immer eine Zwei-Seiten-Form, bei deren operativer Handhabung man sich auf eine Asymmetrie zugunsten einer (und nicht der anderen) Seite einlassen muß.

Diese knappe Skizze einer ungewohnten Begrifflichkeit ist sicher erläuterungsbedürftig, zumindest gewöhnungsbedürftig. Sie muß an dieser Stelle genügen, weil es im vorliegenden Zusammenhang nur darauf ankommt, die Gegend zu markieren, in der ein eigenes Medium zu vermuten ist, das man in einem sehr anspruchsvollen Sinne als Medium der Intelligenz bezeichnen könnte. Intelligenz hat es danach mit der Entfaltung von Paradoxien zu tun. Sie nimmt die Möglichkeit in Anspruch, angesichts aller Unterscheidungen die Frage nach der Einheit der Unterscheidung zu stellen – eine Frage, die nur mit Hilfe anderer Unterscheidungen beantwortet werden kann, also in einen infiniten Regreß führt oder eben in die Paradoxie der Unbeobachtbarkeit des Beobachtens. In genau diesem Sinne hat es Intelligenz mit Welt zu tun – mit einer Welt, die sie sich nur paradox oder infinit symbolisieren kann.

III.

Alle sozialen Medien sind historische Medien, alle durch sie ermöglichten Formen sind historische Formen. Wir sprechen von Sachverhalten, die gesellschaftsgeschichtlich bedingt sind. Und

22 Im Sinne von Barel, a. a. O., könnte man auch sagen: zu potentialisieren.

die Gesellschaft selbst ist ein geschichtliches System, das seinem Gewordensein nicht entrinnen, sondern nur davon ausgehen kann – allerdings mit all den Freiheiten, die die Differenz von Medium und Form ermöglicht.

Die Paradoxiereflexion verdankt ihre ersten Anstöße, zumindest ihren Leitbegriff, der griechisch-hellenistischen Wissenschaftsentwicklung, Philosophie und Mathematik eingeschlossen.[23] Das Problem der Paradoxie ist erstmals in den Defensivbemühungen der eleatischen Ontologie entdeckt worden. Als (relativ vordergründige) Erklärung wird die hochentwickelte Debattenkultur der griechischen Städte genannt.[24] Die Religion hat keine Position, von der aus sie die Kontroversen »orthodox« oder »katholisch« kontrollieren könnte. An ihre Stelle tritt, zumindest zeitweise, ein Beobachten des Beobachtens anderer, also ein Beobachten zweiter Ordnung, auf der Suche nach Eigenwerten, die dann noch als Entscheidungskriterien dienen könnten.

Mit der religiösen Uniformierung des Abendlandes verschwanden auch die antiken Bedingungen für Intellektualität. Zugleich wurde aber, wie in einer Art preadaptive advance, die Technik der Beobachtung zweiter Ordnung ausgebaut, ja universalisiert. Da Gott als Person, also als Beobachter der Welt postuliert war, konnte ein Beobachten zweiter Ordnung eintrainiert werden in der Form der Beobachtung der Beobachtungen Gottes mit der einzigen Einschränkung, die in den Gottesattributen selbst lag. Potenzunterscheidungen wie die von Vernunft und Wille (bzw. Erleben und Handeln) verdecken aber einen allgemeinen Begriff des (an Unterscheidungen gebundenen) Beobachtens, verdecken damit auch die Paradoxie in den Grundlagen des Denkens und ermöglichen damit Kontroversen über die Limitierung der Welt, die noch theologisch-ontologisch formuliert werden können. Der Mensch bleibt angewiesen, sich in der docta ignorantia einzurichten. Ironie wäre Gott gegenüber unangebracht und würde den Menschen auf die Seite des Teufels bringen, der seinerseits als Beobachter Gottes definiert ist. Dennoch werden diese theologischen Kontroversen des Mittelalters fast schon im Medium der Intelligenz geführt, und erst recht gilt dies für die Artikulation mystischer Erfahrung in Sprachformen

23 Hierzu materialreich G. E. R. Lloyd, Magic, Reason and Experience: Studies in the Origin and Development of Greek Science, Cambridge, UK 1979.

24 Lloyd, a. a. O., S. 246 ff.

mit hoher, sich selbst sabotierender Rationalität. Demgegenüber verblaßt das in der Rhetorik überlieferte Paradoxieren zu einer sich selbst als Können durchschauenden Spielerei.[25] In einer Adelsgesellschaft mit ausgeprägt hierarchischer Struktur konnte keine Intellektualität gedeihen, die sich im Sich-selbst-Durchschauen übt. Immerhin kam es im Zuge der politischen Entmachtung des Adels zu einer Moralaphoristik und entsprechender »libertinage«, die rückblickend gesehen durch ihre intellektuelle Beweglichkeit, ja Virtuosität besticht.[26]

Die endgültige Freigabe des Mediums der Intelligenz dürfte mit dem Umbau der Gesellschaft von stratifikatorischer auf funktionale Differenzierung zusammenhängen. Dieser strukturelle Wandel eliminiert alle gesellschaftlichen Positionen, die unbestreitbare Autorität für die Repräsentation der Welt in der Welt und der Gesellschaft in der Gesellschaft in Anspruch nehmen konnten. Die Realitätsauflösung der romantischen Poesie und die Pflege der Ironie als Besonnenheit eines jeden Engagements (auch im »Patriotismus«, auch in der Liebe) ist vielleicht der erste eindeutige Beleg. Die Reflexion führt ins Unbestimmbare, die Realität wird zu ihrer Kulisse, das Fragment und die unglaubwürdige Erzählung zu ihrer Form. Erst im folgenden Jahrhundert setzt sich jedoch die Paradoxie als Medium der Intelligenz endgültig durch.[27] Endgültig durch – das heißt nicht, daß man von einer herrschenden Meinung sprechen könnte. Aber was sich als Widerstand formt, formt sich als Widerstand. Der unglückliche Titel des »Postmodernen« für etwas, was als Semantik der Moderne zu begreifen wäre, leitet weiterhin die Diskussion auf Irrwege. Er erinnert zwar daran, daß mit Altlasten der Philosophie und mit dem Insistieren auf besten Absichten zu rechnen ist; also mit Vorgaben, die jetzt als »obstacles

25 Siehe etwa Ortensio Lando, Paradossi, cioe sententie fuori del commun parere, Venedig 1545; ders., Confutatione del libro de paradossi nuovamente composta, in tre orationi distinta, o. O., o. J. (etwa gleichzeitig). Oder Anonym (André Morellet), Theorie des Paradoxen, Leipzig 1778, mit der These, daß es nicht um Logik gehe, sondern um Frechheiten.

26 Vgl. zu Inhalt und Form Louis van Delft, Le moraliste classique: Essai de définition et de typologie, Genf 1982.

27 Vgl. etwa Hilary Lawson, Reflexivity: The Post-Modern Predicament, London 1985, oder auch Robert Platt, Reflexivity, Recursion and Social Life: Elements for a Postmodern Sociology, The Sociological Review 37 (1989), S. 636-667, für viele ähnliche Darstellungen.

épistémologiques«[28] erscheinen müssen: als Überbewertung von Leitideen und als zu viel Uniformität. »Postmodern« ist dann die Formel für Intellektuelle, die den Glauben an die von ihnen bevorzugten Theorien verloren haben, aber trotzdem beisammenbleiben und darüber reden möchten. Aber die Formel sagt nicht, wie man von da aus zu adäquateren Vorstellungen kommt.

Ungeachtet dessen hat sich jedoch die Theoriediskussion, vor allem in Frankreich, weitgehend auf differentialistische Ansätze eingelassen, und das heißt, daß man sich von Brüchen, Unterscheidungen, Differenzen tragen läßt ohne jede erlösende Dialektik und ohne Hoffnung auf einen alles in sich aufnehmenden Abschlußgedanken. Auch das »Sublime« führt nicht darüber hinaus – ganz abgesehen davon, daß schon August Wilhelm Schlegel es für ein vornehmes Abführmittel gehalten hatte.[29] Aber es hängt noch von Erfahrungen mit diesem Prozessieren von Differenz zu Differenz und eben von Intelligenz ab, daß man diesem Weg trauen kann. Das Medium muß sich durch Nutzung bewähren, durch Bildung von Formen, die genau in diesem und nur in diesem Medium möglich sind.

IV.

Aus dem wiederholten Bezug auf den Begriff der (deduktionslogisch notorisch unergiebigen) Paradoxie, aus der Erfahrung mit rhetorischen Spielereien, die jeden ungewöhnlichen Gedanken in die Form einer Paradoxie kleiden, und schließlich aus dem Ruf der »Postmoderne«, wahlfreien Zugriff auf Traditionsgüter freizugeben, mag der Eindruck entstanden sein, daß man im Medium der Intelligenz beliebige Formen bilden könne – sofern sie nur interessant genug sind und in die Massenmedien Eingang finden können. Aber in der sozialen Realität gibt es keine Beliebigkeit. Ein Beobachter mag andere Beobachter mit diesem Etikett beschreiben; aber das liegt dann nur an seiner eigenen Inkompetenz bzw.

28 Im Sinne von Gaston Bachelard, La formation de l'esprit scientifique: Contribution à une psychanalyse de la connaissance objective (1938), zit. nach dem Druck Paris 1947, S. 13 ff.

29 Siehe: Die Kunstlehre (Bd. 1 der Vorlesungen über schöne Literatur und Kunst), zit. nach der Ausgabe Kritische Schriften und Briefe, Bd. 2, Stuttgart 1963, S. 58.

an der Intransparenz dessen, was er beobachtet und was für ihn als black box erscheint.

Setzt man Beliebigkeit voraus, kommt viel zusammen, was nicht in unseren Untersuchungsbereich gehört, mitsamt all den angestrengten Versuchen, als beliebig handelnd zu erscheinen, um damit Unabhängigkeit, wenn nicht Authentizität zu dokumentieren. Aber selbst wenn es darum geht, ist gerade dieses Interesse alles andere als beliebig. Die Neufassung des Interesses am Zufall im 20. Jahrhundert – in der Statistik ebenso wie in der Kunst – ist im Gegenteil ein angestrengter Versuch, die Unwahrscheinlichkeit jeder vorgefundenen und ebenso: jeder erzeugten Ordnung sichtbar zu machen,[30] und das ist die Konsequenz eines geradezu systematischen, jedenfalls strengen Interesses an Ordnung.

Es fehlen zureichende theoretische Beschreibungen. Ohne Theorie ist der Formenbereich des Mediums schwer abzugrenzen, etwa gegenüber den Formen von Kritik, die im Beobachten erster Ordnung verbleiben und nur die abzulehnende Gesellschaft von der Kritik unterscheiden. Und ohne Theorie ist auch die Geschichtlichkeit und die spezifische Modernität des Mediums der Intelligenz nicht zu erkennen. Geistvolle Äußerungen hat es immer gegeben. Auffälligkeit war immer schon Zeichen für Virtuosität der Gedankenführung. Ungewöhnliche Vergleiche, also »Witz« im Sinne des 18. Jahrhunderts, sind nicht schon Ausdruck eines ausdifferenzierten, unterscheidbaren Mediums. Erst die Unmöglichkeit, an der man teilnimmt, Einheit anders als paradox zu beschreiben, ermöglicht die Ausdifferenzierung eines Sondermediums der Intelligenz. Und erst damit ist es möglich geworden, strenge Formen zu suchen, die geeignet sind, dieses Medium zu reproduzieren.

Die hierfür entscheidende Einsicht ist, daß dies nicht eine Angelegenheit von »Methode« sein kann. Der Begriff der »Entfaltung« einer Paradoxie schließt vor allem logische Deduktion aus. Das besagt keineswegs, daß es nicht zur Konstruktion von Kalkülen kommen kann; aber diese müssen dann, wie die »Laws of Form« von Spencer Brown, in Setzungen oder Anweisungen eingehängt sein, die verdeutlichen, daß der Kalkül weder seinen Anfang noch sein Ende und weder seine Elemente (Operationen) noch seinen

30 Siehe dazu Alfred M. Bork, Randomness and the Twentieth Century, Antioch Review 27 (1967), S. 40-61. Vgl. auch George Spencer Brown, Probability and Scientific Inference, London 1956.

Weltbezug (Universalität) durch Unterscheidungen kontrollieren kann.[31]

Es muß demnach andere Ressourcen geben, die die Suche nach geeigneten Formen im Medium der Intelligenz informieren. Was gegenwärtig schon sichtbar ist, sind die Eigenarten des operativen Umgangs mit Unterscheidungen.[32] Manches findet man unter dem Stichwort »Beobachten«, das nichts anderes meint als die Verwendung von Unterscheidungen zur Bezeichnung ihrer einen (und nicht ihrer anderen) Seite.[33] Daraus ergibt sich die Möglichkeit, Ontologien durch das Konzept der Beobachtung zweiter Ordnung, der Beobachtung von Beobachtern, abzulösen.[34] Die Integrationsleistungen dieser Begrifflichkeit beruhen darauf, daß sie die klassische Einteilung von Handeln und Erleben übergreift, denn in beiden Fällen geht es um Bezeichnung von Bestimmtem im Unterschied zu anderem; und daß sie auch Latenzbeobachtungen einschließt, nämlich die Beobachtung, daß ein anderer aus zufälligen oder aus strukturellen Gründen etwas *nicht* sehen (nicht unterscheiden) kann.

Wenn man Beobachtung als zeitpunktgebundene Operation begreift, verändert diese Theorie auch die übliche Auffassung von Zeit und Veränderung. Für den Beobachter geschieht alles, was geschieht, gleichzeitig mit seinem Beobachten[35] – das heißt unkontrollierbar. Jede Vorstellung von Prozeß, Wiederholung, Kausalität, Kontrolle setzt die Konstruktion eines Zeitschemas im Vorher/Nachher voraus, und zwar eine Konstruktion, die als Operation selber zeitpunktabhängig bleibt, nämlich nur in ihrer eigenen Gegenwart stattfinden kann. Diese radikale Verzeitlichung der operativen Basis des Beobachtens von Operationen schließt die Bil-

31 Speziell hierzu Ranulph Glanville/Francisco Varela, »Your Inside is Out und Your Outside is In« (Beatles 1968), in: George E. Lasker (Hg.), Applied Systems and Cybernetics, Bd. 11, New York 1981, S. 638-641; deutsche Übersetzung in: Glanville, Objekte, Berlin 1988, S. 167-174.

32 Siehe z. B. Elena Esposito, Paradoxien als Unterscheidungen von Unterscheidungen, in: Gumbrecht/Pfeiffer, a. a. O. (1991), S. 35-57.

33 Siehe z. B. Niklas Luhmann et al., Beobachter: Konvergenz der Erkenntnistheorien?, München 1990; Niklas Luhmann, Die Wissenschaft der Gesellschaft, Frankfurt/M. 1990, S. 68 ff.

34 Siehe vor allem Heinz von Foerster, Observing Systems, Seaside, Cal. 1981.

35 Hierzu näher Niklas Luhmann, Gleichzeitigkeit und Synchronisation, in: ders., Soziologische Aufklärung, Bd. 5, Opladen 1990, S. 95-130.

dung von zeitabstrakten Modellen nicht aus. Man kennt das in der Form von Computerprogrammen, die eine Komplexität erreichen können, die es ausschließt, daß man die mit ihrer Hilfe erzeugten Operationen beobachtend begleiten kann. Man konstruiert Operationskomplexe, die im Vollzug nicht mehr verstehbar sind, und liefert sich in dieser Form einer unbeobachtbaren Realität aus.

Im übrigen setzt Unterscheiden (und damit Beobachten) Selbstreferenz voraus, so wie umgekehrt Selbstreferenz eine Unterscheidung erfordert. »Therefore, self-reference and the idea of distinction are inseparable (hence conceptually identical).«[36] Diese Einsicht läuft auf einen Primat des zirkulären Operierens hinaus, und erst durch eine Wiederholung dieser Operation gelangt man eventuell zu einem re-entry der Form in die Form, zur Infinitheit der Wiederholbarkeit, zu Formen der logischen »Entfaltung« und damit schließlich zur Vorstellung einer gerichteten, also asymmetrischen Unendlichkeit der Bewegung. Und auch in dieser Hinsicht fällt die Formstrenge der Inanspruchnahme von Intelligenz auf, die sich genau daraus ergibt, daß man von Paradoxien, Tautologien, zirkulären Operationsweisen usw. ausgeht.

Diese knappen Hinweise auf Theorieressourcen müssen an dieser Stelle genügen. Sie sollen nur andeuten, daß die Forderung der Strenge und begrifflichen Genauigkeit durchaus Realisierungschancen hat – auf diese oder auf andere Weisen. Sie besagen nicht zwingend, daß die Theorien selbst das Medium der Intelligenz benutzen, also selbst intelligibel sind. Sie können im üblichen Stil wissenschaftlicher Theorien, also im Medium wahr/unwahr entworfen werden. Daß sie auch Formen im Medium der Intelligenz sein können, ist dadurch nicht ausgeschlossen. Dies Medium erfordert dann aber Selbstbeobachtung des eigenen Beobachtens. Im Falle der Theoriebildung führt dies dazu, daß die Theorie das, was sie in ihrem Gegenstandsbereich entdeckt, auch für sich selber gelten läßt. Die Intelligibilität der Theorie erfordert Begründungsverzicht und Ersetzung der wissenschaftsüblichen Begründungen durch den autologischen Schluß, durch die Selbsteinordnung in die Welt der eigenen Gegenstände. Denn wo sonst sollte die Theorie vorkommen, wenn nicht in der Welt, in der sie beschreibt, was sie beschreibt?

36 So Louis H. Kauffman, Self-reference and Recursive Forms, Journal of Social and Biological Structures 10 (1987), S. 53-72.

V.

Die Betonung von Theorie als Formfindungsform im Medium der Intelligenz darf nicht zu dem Eindruck verleiten, als ob dies die einzige Möglichkeit sei und Intelligenz dann schließlich doch als System auftreten könne, nämlich als Wissenschaft. Es gibt gerade in einer funktional differenzierten Gesellschaft auch andere Möglichkeiten. Man wird in erster Linie an Religion denken, sofern diese bereit ist, ihre eigene Orthodoxie zu reflektieren – etwa im meditativen Auflösen aller Unterscheidungen oder im Ausbau von paradoxienah gebauten Glaubenssemantiken, zum Beispiel der Lehre vom Tod Gottes am Kreuz oder der Lehre, daß der Beobachter Gottes als Teufel verdammt wird[37] (offenbar weil es in dieser Hinsicht keine sich abgrenzende Beobachtung zweiter Ordnung geben darf).[38] Wir lassen diese Möglichkeit hier ohne weiteren Kommentar offen.

Ganz andere Aussichten auf Intelligenz eröffnet die moderne Kunst. Sie hat sich seit dem Ende des 18. Jahrhunderts aus der Aufgabe gelöst, ihr Können in der Imitation bzw. Verschönerung von Weltsachverhalten zu zeigen. An deren Stelle scheint ein Experimentieren mit Intelligenz getreten zu sein.

Selbstverständlich bleibt die Kunst dabei an ihr eigenes Medium gebunden, oder besser im Plural: an die Medien der Wahrnehmung und der anschaulichen Imagination. Wenn aber Kunst als gesellschaftlich autonomes, nicht aufgabenbelastetes Funktionssystem ausdifferenziert ist, stellt sich ihr die Frage, wie innerhalb dieser Medien noch Grenzen möglicher Formen ausgemacht werden können. Es wäre sicher ein grober Irrtum, hier von den optischen und akustischen Ergebnissen her die Zulassung von Beliebigkeit zu vermuten (im Sinne eines auch in der Wissenschaftstheorie proklamierten »anything goes«). Im Gegenteil: das angestrengte Testen der Grenzen im Überschreiten von Grenzen kann gerade nicht

37 Nach einem Vortrag an der Universidád Iberoamericana in México City, der dieses Thema behandelt hatte, wurde ich gefragt, ob ich an den Teufel glaube. Anscheinend war der Vortrag, der im Medium der Intelligenz geplant war, im Medium des Glaubens aufgenommen worden.

38 Hierzu Niklas Luhmann, Sthenographie und Euryalistik, in: Gumbrecht/Pfeiffer, a. a. O. (1991), S. 58-82 (65 ff.); ders., Die Weisung Gottes als Form der Freiheit, in ders., Soziologische Aufklärung, Bd. 5, a. a. O. (1990), S. 77-94.

»irgendwie« vollzogen werden. Es kommt zu einer Art trauriger Trotzigkeit oder auch zu fröhlicher Provokation im Ausprobieren dessen, was jenseits des Üblichen noch geht. Neben solchen eher avantgardistischen Bemühungen findet man im gleichen Duktus der Anti-Beliebigkeit die Ausarbeitung von Kunstwerken nach kontingent gesetzten Programmen, deren Kontingenz durch Strenge der Ausführung kompensiert und in ihren Konsequenzen sichtbar gemacht wird.[39] Auch solche Kunst ist noch, ja erst recht, auf Beobachtung zweiter Ordnung angewiesen. Der Betrachter muß den Beobachtungen (Unterscheidungen) folgen können, durch die der Künstler sich hat leiten lassen. Beide, Betrachter und Künstler, müssen Formen mit Zwei-Seiten-Blick sehen, das heißt: in ihren Konsequenzen für die jeweils nicht markierte Seite der Form erfassen können. Form ist und bleibt die Drehscheibe der Beobachtung von Beobachtungen. Zugleich wird aber das Qualitätsurteil und mit ihm die qualitätsbezogene Unterscheidung eines Kunstwerks von anderen schwieriger – auch für den Künstler selbst. Das heißt unter anderem, daß die Präferenzen subjektiv bleiben können und daß das Beobachten des Beobachtens, das beim Künstler wie beim Betrachter selbstreferentiell wie auch fremdreferentiell abläuft, nicht mehr unter der Erwartung einer Urteilsübereinstimmung steht.

Wenn und soweit diese auf sporadischen Eindrücken beruhende Beschreibung (als Beobachtung dritter Ordnung) zeittypische Trends im Sozialsystem Kunst wiedergibt, dann könnte sie belegen, daß auch das Kunstsystem mit Formen im Medium der Intelligenz experimentiert. Die Paradoxie ist hier anders gelagert. Sie betrifft direkt das Beobachten selbst, das heißt: die Unmöglichkeit, die Unterscheidung in der unvermeidbaren Einseitigkeit ihres Gebrauchs zugleich als Einheit zu sehen. Im Beobachten invisibilisiert sich der Beobachter, invisibilisiert sich die Einheit der Welt. Was bleibt, ist: daß die Unzulänglichkeit der Darstellung auf verschiedene Weise dargestellt werden kann. Und was bleibt, ist die Aufgabe, dafür künstlerisch überzeugende Formen zu finden.

In dieser Hinsicht aber trifft sich die Kunst mit der Mathema-

39 Ich denke hier an Bilder von Uwe Kubiak (Düsseldorf) oder Franziska Zumbach und Hans Peter Kistler (Zürich), aber natürlich auch an die über das Zwölf-Ton-Prinzip hinausgehende, durch Computerprogramme variierte Musik.

tik. »We may take it«, sagt Spencer Brown am Ende seiner Rekonstruktion der Booleschen Algebra,[40] »that the world undoubtedly is itself (i. e. is indistinct from itself), but in any attempt to see itself as an object, it must, equally undoubtedly, act so as to make itself distinct from, and therefore false to, itself. In this condition it will always partially elude itself.« [»Wir können annehmen, daß die Welt unzweifelhaft sie selbst ist (d. h. von sich selbst nicht verschieden), aber bei jedem Versuch, sich selbst als Objekt zu sehen, muß sie ebenso unzweifelhaft so agieren, um sich von sich selbst verschieden zu machen und daher sich selbst untreu zu werden. Unter dieser Bedingung wird sie sich immer sich selbst teilweise entziehen.«]

40 Laws of Form, a.a.O., S. 105. [Deutsche Übersetzung von Thomas Wolf in George Spencer-Brown, Gesetze der Form, Lübeck 1997, S. 91.]

Das Risiko der Kausalität

I.

Die Reihe von Vorträgen, die einzuleiten ich die Ehre habe, hat es mit Innovationen und mit Kreativität zu tun. Dabei wird offenbar, und das ist ganz üblich, vorausgesetzt, daß beide Begriffe etwas Gutes bezeichnen und daß es um Unternehmen schlecht steht, wenn sie keine Kreativität mobilisieren und keine Kraft zu Innovationen aufbringen. Ich muß gestehen, daß ich dieses Vorurteil nicht teile. Das heißt natürlich nicht, daß ich Innovation und Kreativität für schlecht halte. Nur scheint es mir falsch zu sein, die damit angesprochenen Probleme unter das Joch von Disjunktionen wie gut oder schlecht oder erwünscht oder unerwünscht zu spannen. Dasselbe würde im übrigen gelten, wenn jemand meint, Lernen sei etwas Gutes oder Information oder Vermehrung von Kommunikation, etwa durch Partizipation. In all diesen Fällen müssen wir uns von einem rhetorischen oder appellativen Gebrauch solcher Kategorien distanzieren. In der Wirklichkeit wird es typisch Protagonisten und Gegner geben, Innovationen werden nach vielen weiteren Kriterien beurteilt werden und Reformen werden oft gerade dann als erfolgreich eingestuft, wenn sie nicht durchgeführt worden sind und jeder das mit Erleichterung zur Kenntnis nimmt.

Nils Brunsson würde sagen: solche Begriffe organisieren politisches Reden, sie beschreiben aber nicht die Wirklichkeit, um die es geht.[1] Und jede angemessene Theorie organisatorischer Veränderungen wird ein sehr viel komplexeres Instrumentarium benötigen, vermutlich eher auf evolutionstheoretischer und nicht auf planungstheoretischer Grundlage. Das soll nicht heißen, daß man als Soziologe den Sinn einer solchen Rhetorik des Guten und Empfehlenswerten bestreiten müßte. Im Gegenteil, es liegt gerade in der Tradition der Wissenssoziologie, Wertbegriffe dieser Art in ihrer eigenen Funktion zu beobachten. Aber ihre Funktion liegt auf der Ebene der Selbstbeschreibungen der Organisationssysteme. Sie geben kein zuverlässiges Bild von den tatsächlichen Operationen oder

1 So Nils Brunsson, The Organization of Hypocrisy: Talk, Decisions and Actions in Organizations, Chichester 1989.

den Strukturen und Entscheidungsprämissen, an denen sich die Entscheidungen des Systems orientieren.

Man könnte auch sagen: eine Analyse muß zwischen Themen und Funktionen der Kommunikation unterscheiden. Die thematischen Aspekte benennen die zurechenbaren Intentionen. Die Funktionen beziehen sich dagegen auf den Beitrag zur Fortsetzung der Kommunikation, also, um diesen Begriff zu benutzen, auf die Autopoiesis des Systems. Wenn thematisch Lobsprüche oder Empfehlungen oder Mahnungen oder Warnungen losgelassen werden, sagt das noch nicht viel darüber, wie man weiter kommunizieren kann, nachdem das geschehen ist. Es könnte zum Beispiel sehr wohl sein, daß Bezeichnungen wie innovativ oder kreativ im wesentlichen der Vorbereitung von Personalentscheidungen dienen und damit ihre Funktion erschöpfen.

II.

Der Ausgangspunkt meiner kritischen Analyse liegt in Annahmen über Kausalität, die der Rede von Kreativität und Innovationen, aber auch Aussagen über Freiheit oder über Zwang oder über technisch durchkonstruierte Abläufe in Organisationen wie im täglichen Leben zugrunde liegen. An sich weiß man, daß mit Kausalität eine nach zwei Richtungen hin offene Unendlichkeit gemeint ist – eine Unendlichkeit von vorauszusetzenden Ursachen und eine Unendlichkeit von weiteren Wirkungen. Dabei geht es nicht nur um lineare Strukturen, sondern um kaskadenförmige Vermehrungen von Mitursachen und Nebenwirkungen; und dabei um Kausalfaktoren, deren Änderungen entweder gar keine Auswirkungen haben, weil sie leicht ersetzt oder in ihren Effekten kompensiert werden können oder aber auf Grund von Zufallskonstellationen oft vorübergehender Art amplifizierend wirken können und nicht mehr korrigierbare Effekte auslösen. Entgegen allen klassischen Annahmen über Kausalgesetze, Wiederholbarkeit und Berechenbarkeit muß man also davon ausgehen, daß es sich um schematisiertes Nichtwissen handelt.

Die erste Frage wäre nun: weshalb gibt es zwei kausale Unendlichkeiten – eine der Ursachen und eine der Wirkungen? Weshalb zwei Kausalhorizonte und nicht nur eine Gesamtkonfusion? Wozu dient, nochmals anders formuliert, die Verdoppelung dieser Unendlichkeit, dieses Nichtwissenkönnens? Offenbar bietet sie die Möglichkeit, *nichtbeliebige Kopplungen* dieser beiden Kausalhorizonte zu konstruieren. Erst die scheinbar überflüssige Vermehrung des Nichtwissens erzeugt die Möglichkeit, Interesse für mögliche Wirkungen bestimmter Ursachen oder mögliche Ursachen bestimmter Wirkungen zu mobilisieren. Irgendein Ausgangspunkt muß, aus welchen Gründen auch immer, fixiert werden. Dann kann man im anderen Kausalhorizont nach Konsequenzen fragen. Der allgemeine Rahmen der Unterscheidung von Ursachen und Wirkungen ist mithin nur ein Rahmen für das Anbringen einer weiteren Unterscheidung, nämlich der bestimmter Ursachen, deren Wirkungen man voraussehen, oder bestimmter Zwecke, die man erreichen möchte.

Es gibt verschiedene theoretische Formulierungen für diese zunächst triviale Einsicht. Eine Theorie überdeterminierter Zustände (von Menschen, von sozialen Systemen, von Organisationen) benötigt Aussagen über »entry points« für Kausalanalysen, die erst festlegen, woraufhin man Kausalprozesse beobachten will.[2] Üblicher ist es, zu sagen, daß jede Kausalaussage eine Vorentscheidung über Zurechnungen von Ursachen auf Wirkungen oder umgekehrt voraussetzt.[3] In beiden Fällen ist konzediert, daß die Welt keine eindeutige kausale Ordnung aufweist und kausale Beschreibungen variieren können, je nachdem, wer den entry point festlegt bzw. wer die Zurechnung vornimmt. Wenn man Kausalaussagen antrifft, ist die erste Frage also nicht: ob sie zutreffen oder nicht, sondern: wer sie aufstellt und mit welchen für ihn typischen Einschränkungen der an sich vorauszusetzenden Unendlichkeiten weiterer Nachfrage. Damit wird das Problem der Kausalität übergeleitet auf eine Ebene der Beobachtung zweiter Ordnung. Die Frage ist: wer ist der Beobachter, der die Aussage aufstellt, und: wie sind die für ihn

2 Vgl. Stephen A. Resnick/Richard D. Wolff, Rethinking Complexity in Economic Theory: The Challenge of Overdetermination, in: Richard W. England (Hg.), Evolutionary Concepts in Contemporary Economics, Ann Arbor, Mich. 1994, S. 39-59.

3 Einer der Ausgangspunkte für eine reichhaltige, vor allem sozialpsychologische Attributionsforschung war Fritz Heider, Social Perception and Phenomenal Causality, Psychological Review 51 (1994), S. 358-374, sowie ders., The Psychology of Interpersonal Relations, New York 1958.

typischen »entry points« oder Zurechnungsformen psychologisch bzw. soziologisch zu erklären.

Eine andere Reaktion auf die Endlosprobleme des Kausalschemas kann mit der Unterscheidung von Medium und Form gegeben werden. Diese Unterscheidung betrifft Unterschiede in der Kopplung von Elementen, in unserem Falle also von möglichen Kausalfaktoren, seien es Ursachen, seien es Wirkungen. Ein Beobachtungsmedium erfordert eine lose Kopplung massenhaft existierender Elemente. So ist Sprache ein Medium für die Kopplung von Wörtern. Die Kopplungen, die ein Medium zuläßt, sind (wie dies Beispiel zeigt) keineswegs beliebig, gleichwohl aber unvorhersehbar. Ein Beobachter, der ein Medium (sei es Sprache, sei es Kausalität, sei es Raum, sei es Zeit) benutzen will, muß jeweils feste Kopplungen herstellen, also, um im Beispiel zu bleiben, Sätze bilden, Ursachen auf Wirkungen oder Wirkungen auf Ursachen zurechnen, Dinge im Raum oder Ereignisse in der Zeit lokalisieren. Feste Kopplungen können wir Formen nennen im Blick darauf, daß sie sich von anderen möglichen Formen im selben Medium unterscheiden lassen. Formen haben also immer eine innere Seite, die feste Kopplung, und eine äußere Seite, die all das offenläßt, was im Medium sonst noch möglich wäre. Als Medium ist ein Beobachtungsrahmen immer dasselbe. Es unterscheidet sich nur durch die Art seiner Elemente und die Art seiner Kopplungen von anderen Medien. Formen dagegen wechseln ständig. Mit ihrer Instabilität wird gewissermaßen für ihre feste Kopplung bezahlt. Gelänge keine Formbildung mehr, würde auch das Medium als Beobachtungsrahmen zerfallen. Es gäbe dann keine Sprache, keine Kausalität, keine Zeit, keinen Raum. Die Invarianz des Mediums ist also nur eine Rahmenbedingung für einen ständigen Gestaltswitch in der Wahl der Formen, die das Medium zuläßt. Dank der Ausnutzung des Formrepertoires eines Mediums können beobachtende Systeme sich an laufend sich ändernde Umstände anpassen und dabei zugleich durch den ständigen Formwechsel das Medium, das im Hintergrund bleibt, reproduzieren.

Medien sind mitsamt ihren Formbildungen Konstruktionen eines Beobachters ohne Entsprechungen in der Außenwelt. Sie repräsentieren nicht die Welt, wie sie ist, sondern sind Eigenleistungen beobachtender Systeme, mit denen sie eigene Unterscheidungen ausarbeiten, erinnern, modifizieren, um sich selbst zu orientieren.

Das gilt bereits für die Wahrnehmungsmedien psychischer Systeme, also für optische, akustische und taktile oder olfaktorische Unterscheidungen. Sie kommen, wie neurobiologische Untersuchungen gezeigt haben, erst durch differenzierende Operationen einer einheitlichen chemoelektrischen Sprache zustande und werden nicht etwa durch verschiedene Organe (Augen, Ohren usw.) der Umwelt entnommen. Dasselbe gilt erst recht für das hier vornehmlich interessierende Medium der Kausalität. Es gibt also in der Umwelt von Systemen, die mit Hilfe des Kausalschemas beobachten können, keine Zustände oder Ereignisse, die von sich her als Ursachen bzw. Wirkungen ausgezeichnet sind. Nur deshalb können wir auch Strukturen, ja selbst negativen Fakten, zum Beispiel Unterlassungen, Kausalität zuschreiben.

In gesellschaftsgeschichtlicher Perspektive dienen die Evolution und die Trennung verschiedener Medien offenbar der Steigerung der Komplexität des Gesellschaftssystems. Medien sind in diesem Sinne evolutionäre Universalien, deren Ausbildung das Repertoire möglicher gesellschaftlicher Kommunikationen steigert. Dieser Effekt ist zunächst unabhängig davon, ob bei der Umsetzung von Medien in Formen bestimmte (ebenfalls historisch bedingte) Kriterien der Rationalität erfüllt werden; und erst recht unabhängig davon, ob medientypische Fehler (zum Beispiel grammatische Fehler oder Fehlzurechnungen von Ursachen und Wirkungen) vermieden werden. Mit der Unterscheidung von Medien und Formen legen wir uns zwar auf eine Systemtheorie fest, die zu klären hätte, wie beobachtende Systeme die entsprechenden Unterscheidungen handhaben. Aber damit ist nicht gesagt, daß die Evolution von Mediendifferenzierungen als Fortschritt in Richtung auf irgendwelche Zielvorstellungen interpretiert werden kann. Absehbar sind jedoch Steigerungen der Komplexität, der Irritierbarkeit, der Unzuverlässigkeit, des Entscheidungsbedarfs und des Risikos gesellschaftlicher Operationen.

III.

Mit diesen knapp gehaltenen Überlegungen aus Theoriekontexten, die im interdisziplinären Jargon »Radikaler Konstruktivismus« oder »Kybernetik zweiter Ordnung« heißen, sind wir hinreichend ausgerüstet, um die Risiken zu sehen, auf die ein Beobachter sich einläßt, wenn er das Kausalschema benutzt. Im groben handelt es sich um zwei verschiedene Risiken, die sich jedoch überschneiden.

Beim Beobachten erster Ordnung, das Kausalbeziehungen wie Tatsachen der Welt behandelt, können Fehler passieren, wenn Kopplungen unterstellt werden, die gar nicht möglich sind oder denen im konkreten Fall die notwendigen Voraussetzungen fehlen. Das Auto startet nicht, weil die Batterie leer ist. Oder eine Person, die ihre Dienste als Vermittler angeboten hatte, versagt, weil ihr Einfluß an höherer Stelle nicht ausreicht. Solche Risiken werden nach dem Wahrheitsschema behandelt, indem man richtige und unrichtige Kausalannahmen unterscheidet.

Diese Betrachtungsweise ändert sich, wenn man die Medium/Form-Unterscheidung oder die Perspektive der Beobachtung zweiter Ordnung oder auch die Annahme einer unvermeidbaren Überdetermination aller konkreten Ereignisse zugrunde legt. Dann entfällt die Möglichkeit, sich im Kausalbereich »richtig« zu orientieren. Dann entfällt jene Sicherheit, die richtige Kausalvorstellungen zu bieten schienen mit dem einzigen Vorbehalt, daß Irrtümer zu vermeiden seien. Dann entfällt die Richtig/Falsch-Schematisierung des Risikos. Statt dessen steht man vor der Frage, wie feste Kopplungen von bestimmten Ursachen und bestimmten Wirkungen gewählt werden sollen und wie Rücksichten auf andere Konstellationen ausgeblendet werden können; obwohl ihnen die mögliche kausale Relevanz nicht abgesprochen werden kann. Bei dieser Betrachtungsweise ist *jede* Beobachtung im Kausalschema *riskant*. Risiko ist danach ein *inhärentes* Merkmal von Kausalität, weil *jede* Formbildung in diesem Medium sich auf die innere Seite der Form, also auf angenommene feste Kopplungen, konzentrieren und die äußere Seite der Form, den unmarkierten Bereich anderer Möglichkeiten, außer acht lassen muß.

In der Perspektive der Beobachtung erster Ordnung werden die Kausalzurechnungen als selbstevident behandelt. Sie werden mit einem »Es-gibt«-Zusatz versehen. Danach »gibt es« eine funktionierende Technik. Danach »gibt es« Freiheit im Unterschied zu Zwang. Danach »gibt es« Kreativität bei der Einführung von Innovationen. Wer solche Aussagen korrigieren will, muß dann Irrtümer nachweisen. Er muß beim Nichtfunktionieren eines technischen Ablaufs die störende Ursache finden. Er muß, wenn freies

Handeln angenommen wurde, nachweisen, daß in Wirklichkeit zwanghaft gehandelt wurde, zum Beispiel nach Sigmund Freud auf Grund von unbewußten Mechanismen. Und Kreativität erscheint dann möglicherweise als eine Fehlzurechnung von Ursachen, die verdeckt, daß in Wirklichkeit ein bloßes Copieren vorliegt; oder daß hochkomplexe Ursachenkonstellationen sich durch rein zufälliges Zusammentreffen innovativ auswirken, man aber die Zurechnung auf Zufälle vermeidet, weil sie keine Chance der Wiederholbarkeit bieten, und man statt dessen die Zurechnung auf eine gerade vorhandene Person bevorzugt in der Hoffnung, daß diese Person kreative Eigenschaften besitzt, die sich auch in Zukunft bewähren werden.

In der Perspektive der Beobachtung zweiter Ordnung sind dies alles Konstruktionen, die die Aufmerksamkeit auf bestimmte Ursachen bzw. Wirkungen focussieren, um diese Faktoren ontologisch zu fixieren. Damit wird ein Interesse an Wiederholbarkeit, ein Interesse an Redundanz bedient. Wenn es Freiheit »gibt«, kann man versuchen, sie in bestimmte Richtungen zu motivieren. Wenn es kreative Persönlichkeiten »gibt«, kann man sie anderswo abwerben und im eigenen Betrieb anstellen. Wenn es besonders kreative Organisationen »gibt«, kann man versuchen, ihre Merkmale ausfindig zu machen, und die eigene Organisation nach diesem Muster umgestalten. All das bleibt, wie immer zugegeben wird, dem möglichen Irrtum ausgesetzt. In der Beobachtung zweiter Ordnung erscheint jedoch eine ganz andere Art von Wahrheit, nämlich die, daß alle Kausalzurechnungen nur Realitätsausschnitte anbieten, also fast alle mitwirkenden Ursachen und fast alle mitverursachten Wirkungen ausblenden. Das führt auf die Frage, weshalb bestimmte (und nicht andere) Ausschnitte als Kausalformen gewählt werden und welche kulturellen, institutionellen, sozialen Bedingungen einen Beobachter dazu disponieren, es so und nicht anders zu machen.

Beide Ebenen der Beobachtung verhalten sich zueinander wie Schillers Unterscheidung von naiver und sentimentalischer Dichtung. Die Beobachtung erster Ordnung ist naiv; aber sie weiß es nicht. Die Beobachtung zweiter Ordnung ist reflektiert (wir würden heute nicht mehr sagen: sentimentalisch), und sie weiß es. Sie mag sich danach sehnen, zurückzukehren in die Naivität des unmittelbaren Realitätsglaubens; aber sie kann es nicht oder nur in einer Weise, die die Beobachtung genau dieses Wunsches einschließt und daher mißlingt. Was ihr bleibt, ist ein Oszillieren zwischen nostalgischen Klagen über den Verlust des Vergangenen und utopischen Hoffnungen auf eine Zukunft, die sich mit jeder Annäherung hinausschiebt.

IV.

Legt man die Perspektive der Beobachtung zweiter Ordnung zugrunde, fragt man also, wie in der Gesellschaft Kausalität wahrgenommen und über sie kommuniziert wird, dann fällt bei einem weiten geschichtlichen Rückblick eine eigentümliche Doppelstruktur auf. Seit den archaischen Zeiten tribaler Gesellschaft hat es immer eine solche doppelte Verbuchung von Kausalität gegeben: einerseits die Vorstellung beherrschbarer Kausalketten und andererseits die Vorstellung verantwortbarer menschlicher Entscheidungsfreiheit. Die Endlosigkeit des Mediums Kausalität wurde also nicht nur nach Ursachen (Vergangenheit) und Wirkungen (Zukunft) aufgeteilt, sondern außerdem noch nach dieser zweiten, davon unabhängigen Unterscheidung von Wirkungsmacht und Freiheit. Aus soziologischer Sicht kann man vermuten, daß diese bereits ziemlich komplexe Kausalarchitektur dazu gedient hat, das Medium Kausalität sehr unterschiedlichen gesellschaftlichen Verhältnissen anzupassen.

Immer gibt es natürlich gewisse handwerkliche Erfahrungen mit Kausalität, die im Wege des trial und error gelernt und tradiert werden. Zusätzlich findet man bis ins 17. Jahrhundert hinein die Differenz von Magie und Moral. Bei allen Fortschritten im Bereich der Wissenschaften und der Religion war der Glaube an magische Möglichkeiten des Wirkens bis in die Neuzeit hinein intakt geblieben. Das gilt für die Rationalisierungsbemühungen der griechischen Stadtkulturen, etwa im Bereich der Medizin, der Architektur, der Geometrie.[4] Es gilt aber auch für die Christianisierung des Abendlandes, durch die die religiöse Kosmologie, nicht aber die religiösen Praktiken, der religiöse Superglaube, nicht aber der

4 Speziell hierzu G. E. R. Lloyd, Magic, Reason and Experience: Studies in the Origin and Development of Greek Science, Cambridge,UK 1979; ders., Science, Folklore and Ideology: Studies in the Life Sciences in Ancient Greece, Cambridge, UK 1983.

religiöse Aberglaube, an die neue Monotheologie angepaßt wurde. Entscheidend war jedoch seit archaischen Zeiten eine Bruchstelle, die genau bezeichnet werden kann: *Man konnte sich für Verstöße gegen die Moral (inclusive Recht) nicht auf die magischen Praktiken anderer berufen.* Man konnte Normverstöße nicht damit begründen, daß man verzaubert worden sei. Die magischen Techniken der Weltbeherrschung und die normative Struktur verantwortbaren Handelns wurden *beide* benötigt, und sie mußten deshalb getrennt validiert werden.

Dasselbe Problem und dieselbe Regulierung finden wir noch heute, wenngleich unter völlig veränderten Bedingungen und in ganz anderen semantischen Formen. Wir glauben an Technik und wir glauben an Kreativität, und wir sind nicht bereit, das Endlosfeld der Kausalitäten auf eine dieser Formen zu reduzieren. Wir benötigen beide. Auch dieser Schnitt Technik/Kreativität läßt sich zwar funktional begründen: Wir können das Endlosmedium der Kausalität nicht nur einer dieser Strukturen überlassen. Weder können wir uns allein den Automatismen und Wiederholzwängen der Technik überlassen; noch können wir uns Kreativität ohne jede Folgenbeherrschung leisten. Aber wie begründen wir die Unterscheidung selbst? Und vor allem: wie stecken wir die Felder ab, so daß wir entscheiden können, wann Technik und wann Kreativität angesagt ist?

Eine erste Antwort könnte lauten, daß der heute benötigte Aberglaube sich von der magischen Kausaltechnik auf die Kreativität verschoben hat. Wir glauben nicht mehr an Magie als Zusatztechnik zu allem handwerklichen Können, wir glauben an Kreativität. Falls diese Hypothese zutreffen sollte, lägen unsere ungelösten Probleme im Bereich der Technikabhängigkeit der Gesellschaft, und wir müßten die Analyse in diesem Bereich ansetzen. Das Risiko der Kausalität wäre dann die Technik – und zwar deshalb, weil sie funktioniert.

V.

Unter Technik soll jede feste Kopplung von Ursachen und Wirkungen verstanden werden, gleichgültig ob es sich um Materialien physischer, chemischer oder biologischer Art oder um Symbole handelt wie im Recht oder in der Computertechnologie. Der Begriff reicht also über die Maschinentechnik weit hinaus und schließt all das ein, was Husserl den mathematischen Idealisierungen der modernen (galileischen) Wissenschaften zugerechnet hatte. Technisch geplante Abläufe können hochkomplex sein. Entscheidend ist die durch Theorie und Praxis bewährte Erfahrung, daß sie wie Trivialmaschinen ablaufen, also bei Setzung der gleichen Bedingungen wiederholt werden können. In der durch Technik bestimmten Neuzeit, und erst jetzt, unterscheidet man denn auch Theorie und Praxis in diesem Sinne – und nicht mehr Theorie (als Fernwissen) und Erfahrung (als Nahwissen) wie in der älteren Tradition. Es geht um Konstruktion der Möglichkeiten technischer Abläufe und um den Versuch, die dazu notwendigen Ursachen zu beschaffen und für den Bedarfsfall bereitzuhalten. Man könnte auch sagen: Technik ist die Einheit von Auslösekausalität und Durchgriffskausalität.

Das Vertrauen, daß die Natur selbst zahllose unbekannte Möglichkeiten technischer Realisierungen bereithalte, wird heute kaum noch geteilt. Die Erfolge der Technik zeigen ihre Grenze – auch und gerade dort, wo die Technik funktioniert. Edmund Husserl hatte diese Entwicklung zur technischen Weltbeherrschung kritisiert als Verrat an der Grundidee des abendländischen Menschentums, an der Idee einer durch selbstkritische Vernunft bestimmten, subjektiv-sinnvollen Lebensführung. Martin Heidegger hatte diese Kritik ausgebaut zu der These, daß sich das »Sein« aus den vorgestellten und hergestellten Gegenständen zurückgezogen habe.[5] Dabei blieben »Vernunft« und »Sein« jedoch Hoffnungsbegriffe, die mit einer abschließenden *Einheit* rechneten, auf die hin die Philosophie zu reflektieren habe. Wir begnügen uns statt dessen mit der Feststellung, daß das frühmoderne Technikvertrauen in der Perspektive eines Beobachters erster Ordnung entstanden war, dem, im Unterschied zu den religiösen Einstellungen der Tradition, eine natürliche Erkenntnis der Natur zu genügen schien. Fragt man dagegen, *wie* ein Beobachter erster Ordnung beobachtet, was er beobachtet, und das heißt: wie er mit *Unterscheidungen* umgeht,

5 Vgl. Edmund Husserl, Die Krisis der europäischen Wissenschaften und die Transzendentale Phänomenologie, Husserliana, Bd. VI, Den Haag 1954; Martin Heidegger, Der Ursprung des Kunstwerks, in: ders., Holzwege, Frankfurt/M. 1950, S. 7-68.

kommen andere Phänomene in den Blick. Und dann empfiehlt es sich, von Einheit auf Differenz umzudenken und zu fragen, wie das abgegrenzt wird, was als funktionierende Technik in Gang gesetzt wird.

Mit dieser Umstellung der Technikkritik von (Verfehlung der) sinngebenden Einheit auf Differenz und von Beobachtung erster auf Beobachtung zweiter Ordnung lassen sich eine Reihe von aktuellen Erfahrungen und Themen besser begreifen. Stichwortartig seien genannt:

- das Problem des Risikos von industriell angewandten Technologien; eines Risikos, dessen Kontrolle nicht wiederum rein technisch erreicht werden kann.
- das Problem, daß alle Humantechnologie offenbar Organisationen erfordert, die jeweils nur das Verhalten ihrer eigenen Mitglieder kontrollieren können, und auch dies, wie die neuere Organisationsforschung zeigt, nicht in Formen, die dem »offiziellen« Modell rationalen Entscheidens nahekommen.
- das Problem der konditionalen Rechtstechnik, die sowohl in der Gesetzgebung als auch im Richterrecht zunehmend auf Folgeneinschätzung umgestellt wird, obwohl weder dem Gesetzgeber noch dem Richter die Zukunft in den dafür erforderlichen Details bekannt sein kann, so daß die Geltung der jeweils geltenden Entscheidungen auf Spekulation gestützt werden muß und nichts anderes mehr ist als das Bereithalten von Verfahren für eine Änderung des Rechts.
- das Problem, daß Dienstleistungen hoch erwünschter Art zunehmend auf Probleme angesetzt werden, die entweder Folgeprobleme (Nachsorgeprobleme) des Zurückbleibens von Leistungsbereichen sind (Sozialarbeit, Entwicklungshilfe) oder gar dadurch erst entstehen, daß entsprechende Hilfsangebote vorliegen und nachgefragt werden.
- und schließlich: daß das Basismodell des »rational choice« auf Grund subjektiven Informationsstandes und subjektiv stabiler Präferenzen, wenn auf soziale Interaktionen angewandt (und wo sonst?), unausweichlich in Situationen mit »doppelter Kontingenz« und mit unvorhersehbaren Nebenfolgen führt, wobei man wissen kann, daß man nicht wissen kann, wie sich Informationen und Präferenzen unter diesen Bedingungen ändern

werden (Stichworte: Chaostheorie, nichtlineare Funktionen, strange attractors, system dynamics).

Es ist hier nicht möglich, diese Beobachtungen aus getrennt arbeitenden Forschungsfeldern hinreichend zu belegen. Mein Argument ist, daß hier klassische Vorstellungen über Kausalität in Frage gestellt werden; und dies weder in der Form der Suche nach besseren Techniken noch mit Begriffen wie »Wechselwirkung« oder »Überdetermination«, die die Annahme von berechenbaren Kausalitäten ad absurdum führen, noch schließlich in der Art, daß ihnen eine begrenzte Weltregion zugewiesen wird, neben der es dann noch Geist gibt oder Geschichte oder Menschlichkeit. Vielmehr scheint es aus sehr verschiedenen Quellen zu der Frage zu kommen, wie wir das Medium Kausalität handhaben, wenn wir Kausalformen bilden, und was wir außer acht lassen, wenn wir dies tun.

VI.

Manche versuchen's mit »Ethik«, andere mit »Kultur«. Aber Ethik ist als Gesinnungsethik nicht mehr zu rechtfertigen, wenn keine konsensfähigen und informativen Kriterien nachgewiesen werden können; und als Verantwortungsethik bliebe sie auf ausreichende Kenntnis der Folgen des Handelns angewiesen. Überdies sucht Ethik, jedenfalls wenn man beim herkömmlichen Verständnis dieses Begriffs bleibt, Individuen als Adressaten. Kollektivethiken sind schon als solche ein Greuel und Anlaß genug zu Widerstand, wer immer sie behauptet und was immer sie fordern. Diese bekannten Bedenken kann man auch mit »Kultur« nicht ausräumen. Das führte allenfalls, und zwar seit Beginn dieser neuzeitlichen Begrifflichkeit, also spätestens seit Herder, zur Anerkennung einer Vielzahl von Kulturen. Das mochte um 1800 zufriedenstellen, als man noch entweder im Zeitgeist der Moderne oder in der europäischen Kultur oder in den »gebildeten« Schichten eine überlegene Urteilsfähigkeit finden zu können meinte. Davon ist nichts geblieben als – Pluralismus. Es dürfte schwerfallen, hier keine Satire zu schreiben.

Vielleicht liegen in diesen Schwierigkeiten, die man nur mit einer oberflächlichen Rhetorik überdecken kann, Gründe dafür, daß man verstärkt auf Kreativität und Innovation setzt, und dies sowohl in der Technik als auch in der Forschung, vor allem aber in Organisationen. Man sieht rasch, daß und wie solche Empfehlungen in der Nähe von Organisation und Technik angesiedelt sind. Man sieht auch ihr Verhältnis zum Medium Kausalität. Sie behaupten eine ursachelose Spontangenese von etwas *Neuem*, und in der Tat kann man über Neues kaum anders denken als im Sinne einer Entkoppelung von Kausalitäten. Aber wie soll das möglich sein? Wie kann man ursachelose Ursachen im Kausalschema beobachten? Wie kann man einen »Ursprung«, eine Anfangsgrenze setzen, vor der keine weiteren Ursachen anzunehmen sind.[6] Handelt es sich nicht einfach um eine Aufnahme der Negation des Schemas in das Schema, um die Vorstellung von Nichtkausalität als Kausalität, um den Wiedereintritt der Unterscheidung in die Unterscheidung, aber unter negativem Vorzeichen, also als eindeutige Paradoxie?

Vielleicht trifft das zu, aber man sollte sich vor vorschnellen Schlüssen hüten, besonders nachdem die Mathematik sich mit Unterscheidungen befaßt, die vor aller Festlegung auf Wahrheitswerte oder auch auf die Spezialunterscheidung positiv/negativ schon benötigt werden, um Beobachter mit Unterscheidungsvermögen auszurüsten.[7] Man sollte, anders gesagt, Formprobleme nicht vorschnell als logische Probleme schematisieren, wenn doch die Formen der Logik nur einige sind unter vielen anderen, gleichfalls möglichen. Es dürfte nicht schwerfallen, unter Verzicht auf Logik den Glauben an Kreativität einen Aberglauben zu nennen oder einen Mythos (im Sinne von »plot«), der sich immer dann empfiehlt, wenn Änderungen nicht auf wiederholbare Ursachenketten zurückgeführt werden können, sondern sich aus vermutlich einmaligen, zufälligen Koinzidenzen ergeben. Denn dann kann der Verweis auf ein mitwirkendes Subjekt dazu dienen, den Kausalrahmen zu schließen und Wiederholbarkeit in Aussicht zu stellen – wie eine qualitas occulta in der alten Physik. Für einen Beobachter erster Ordnung, der sich an Wahrheitswerten orientiert, mag dies ein-

6 Die bekannte *religiöse* Auflösung dieses Problems kennt man seit den Analysen Augustins im XI. Buch der Confessiones. Sie erforderten einen zeitfreien Begriff von Ewigkeit; oder anders gesagt: die Unterscheidung von tempus und aeternitas. In Begriffen des tempus kann man nichts darüber sagen, was Gott getan haben könnte, bevor er sich plötzlich entschloß, kreativ tätig zu werden.

7 Hierzu George Spencer Brown, Laws of Form, Neudruck der 2. Aufl., New York 1979.

fach ein Irrtum sein, über den man die Ansässigen aufklären sollte. Ein Beobachter zweiter Ordnung wird dagegen die Frage haben, warum die Beobachter erster Ordnung »Kreativität« beobachten und sich nicht mit der Erklärung durch irreguläre Koinzidenzen zufriedengeben.

Die Erklärung, Kreativität sei ein Mythos, sei also eine allzu kurzschlüssige Erklärung, läßt ja offen, weshalb diese Erklärung hartnäckig reproduziert wird und trotz entlarvender Aufklärung stabil zu bleiben scheint. Wir können vermuten, daß dies damit zusammenhängt, daß ständig neue Entscheidungen getroffen und kausal interpretiert werden müssen. Denn die Beschreibung der Realität als Anlaß für und als Folge von Entscheidungen setzt eine Umkehrung der zeitlichen Richtung kausaler Determination voraus. Während in üblicher Perspektive die Gegenwart als durch die Vergangenheit determiniert gilt – sie ist auf jeden Fall so, wie sie ist, und nicht anders –, ist die Zukunft unbekannt, weil nicht erkennbar ist, wie die Riesenmengen möglicher Ursachen weiterer Wirkungen in der Zukunft zusammentreffen werden. Wenn man Ereignisse als Entscheidungen beobachten will, ist jedoch eine Umkehrung dieser Perspektive erforderlich. Die vergangenheitsdeterminierte Gegenwart muß so behandelt werden, als ob sie Alternativen offenließe. Die Zukunft dagegen muß so behandelt werden, als ob es auf einen Zweck ankäme, das heißt auf eine spezifische Differenz, die entweder vergrößert oder verkleinert werden muß unter Neutralisierung anderer Folgen der Entscheidungen, sei es in der Form von erträglichen Kosten, sei es in der Form von noch unbekannten Nebenfolgen. Entscheidungen entstehen, könnte man sagen, im interface von Gedächtnisfunktionen und Oszillatorfunktionen; sie entstehen durch Setzung einer oder mehrerer Unterscheidungen, mit denen man die Vergangenheit selektiv erinnert (also weitestgehend vergißt) und die Zukunft oszillieren läßt, zum Beispiel zwischen Erfolg und Mißerfolg, Zustimmung oder Ablehnung anderer, Gewinn oder Verlust, Kontinuität oder Diskontinuität.

Die Beschreibung von Ereignissen als Entscheidungen postuliert also in jeder Gegenwart einen Neuanfang der Geschichte, die dann im Zuge kausaler Normalisierung des Geschehens immer wieder neue Anlässe zu Entscheidungen bietet. Diese Umkehrung der Zeitperspektive ist deshalb möglich, weil ohnehin alle Operationen nur im kurzen Moment ihrer Gegenwart aktuell sind und deshalb gar nicht die Zeit haben, die kausale Determination der Welt und ihres eigenen Beitrags dazu auszurechnen. Von jeder Gegenwart aus sind deshalb sowohl die Erinnerung von vergangenen als auch die Antizipation von künftigen Zuständen oder Ereignissen hoch selektiv.[8]

In dem Maße also, als die moderne Welt nur noch als Anlaß für und als Resultat von Entscheidungen verständlich gemacht werden kann, entstehen hermeneutische Notlagen, die dazu führen, daß man auf Kreativität rekurriert, um Entscheidungen zu erklären. Das wiederum führt, zumindest in Organisationen und im Personenkult der Massenmedien, zu einer Überschätzung des Beitrags von Personen zu Entscheidungen und zu Hierarchisierungen, die den Eindruck erwecken, als ob die wichtigen Entscheidungen an höherer Stelle oder durch prominente Personen (Künstler, Wissenschaftler, Politiker oder Chefs großer Wirtschaftsunternehmen) getroffen würden. Auf diese Personen konzentriert sich dann das Urteil, sie seien kreativ; aber ebensosehr auch die Kritik, sie seien es nicht oder nicht in ausreichendem Maße und müßten deshalb durch kreativere Persönlichkeiten abgelöst werden. Ein ganzes Weltbild türmt sich auf, und wir wüßten nicht, wie wir die uns in den Massenmedien täglich vor Augen geführte Gesellschaft anders erklären sollten. Der Beschreibungskomplex Kontingenz/Entscheidung/Innovation/Kreativität muß im Zusammenhang gesehen werden. Wir finden ihn in institutionalisierter Form vor, und niemand würde verstehen, wenn jemand käme und sagte, er verstünde gar nicht, wovon überhaupt die Rede ist. Aber letztlich ist die Person, auf die sich dann alle Aufmerksamkeit konzentriert, nichts anderes als ein Symbol für die unbekannte Zukunft.

Das funktioniert natürlich nur mit eingebauter Kritik. Kreativität ist eine Form, deren andere Seite das Fehlen von Kreativität ist. Wie bei allen Unterscheidungen so ist auch hier die Zukunft dem Oszillieren zwischen den beiden Seiten der Form freigegeben.

8 Siehe zu dieser Eigenart von Entscheidung als »Ursprung« einer jeweils neuen Geschichte G. L. S. Shackle, Imagination and the Nature of Choice, Edinburgh 1979; ders., Information, Formalism, and Choice, in: Mario J. Rizzo (Hg.), Time, Uncertainty, and Disequilibrium: Explorations in Austrian Themes, Lexington, Mass. 1979, S. 19-31. Vgl. auch Niklas Luhmann, Die Paradoxie des Entscheidens, Verwaltungsarchiv 84 (1993), S. 287-310.

Die innere Grenze der Form, die Grenze zwischen Kreativität und Nichtkreativität, kann bei Bedarf gekreuzt werden. Die eigentlich interessante Forschungsfrage ist deshalb nicht: was Kreativität eigentlich »ist« und wie man sie finden bzw. beschaffen kann, sondern die Frage, aus welchen Anlässen die Grenze gekreuzt wird. Und das ist wiederum die Frage: wer ist der Beobachter?

VII.

Diese Überlegungen haben Konsequenzen für den Begriff der *Freiheit*. Wenn wir dieses Konzept von Entscheidung und Kreativität konsistent handhaben wollen, müssen wir den klassisch-liberalen Begriff der Freiheit umbauen. In der neuzeitlichen Tradition, und zwar sowohl im westlich-utilitaristischen Individualismus als auch im deutschen Naturrecht und seiner transzendentaltheoretischen Neufundierung, wurde Freiheit immer vom Gegenbegriff des Zwanges her definiert. Soweit man gezwungen wird, ist man nicht frei, denn dann liegen die Ursachen des eigenen Handelns außerhalb des eigenen Willens. Politisch blieb dieser Freiheitsbegriff bis heute erhalten. Denn er wurde sowohl im liberalen als auch im sozialistischen Lager benutzt, und der Streit ging nur um die Lokalisierung des Zwanges in entweder dem legitim operierenden Rechtsstaat oder in den gesellschaftlichen Klassenverhältnissen. Die seit Freud und seit den Sozialisationstheorien der Soziologie verfügbare Einsicht, daß das Bewußtsein sich selbst zwinge bzw. durch sein eigenes Unterbewußtsein gezwungen werde, hat sich demgegenüber nicht durchsetzen können, denn es fehlte ein dazu passender Begriff der Freiheit.

Wollte man den Begriff der Freiheit an das skizzierte Verständnis von Entscheidung anpassen, müßte man ihn rein kognitiv rekonstruieren. Freiheit wäre dann nichts anderes als das Erkennen von Alternativen in einer an sich determinierten Situation. Es ginge um die Konstruktion von Wahlmöglichkeiten in Formen, die es ermöglichen, die Option dem Beobachter *intern* zuzurechnen; sei es durch den Handelnden selbst, sei es durch einen externen Beobachter. Alle Normen würden demnach, wie schon im Paradies, Freiheit generieren, nämlich die Freiheit, zu gehorchen oder die Norm zu brechen. Entscheidungen kämen überhaupt erst dadurch zustande, daß andere Entscheidungen Erwartungen festlegen, auf die man sich einzustellen hat. Freiheit wäre dann keine moralische Eigenschaft von Personen, sondern eine rekursiv erzeugte *und dadurch wirksame* Illusion, die aber von der Realität nicht unterschieden werden kann. Man würde auch nicht mehr sagen können, daß Freiheit mit Macht korreliert und nach oben hin zunimmt. Man müßte auch an die Freiheit denken, die in den Milieukenntnissen der Slumbewohner steckt, die sich gegen Aussiedlung wehren, oder an die Freiheit des Kammerdieners oder des subalternen Beamten, der die Akten dann vorlegt, wenn es ihm richtig erscheint. Natürlich wäre Freiheit auch eine Frage der professionellen Kenntnisse, die es ermöglichen, Alternativen zu sehen, wo andere nur Tatsachen erkennen können, und nicht zuletzt wäre sie auch eine Frage der Verfügung über Geld oder über Macht. Aber sie würde nicht schon begrifflich mit einem hierarchischen Aufbau der Gesellschaft und ihrer Organisationen korrelieren.

Analysen dieser Art können als »Wissenssoziologie« verstanden werden. Es wäre dann aber eine Wissenssoziologie, die sich nicht darin erschöpft, Begriffe auf Interessen zu beziehen, die genügend Macht mobilisieren können, um sich in der Gesellschaft durchzusetzen.[9] Sondern die erste Aufgabe dieser Soziologie wäre es, zu erklären, aus welchen gesellschaftsstrukturellen Gründen es dahin gekommen ist, daß wir Sachverhalten, die mit Kausalbegriffen beschrieben werden (und das schließt ein: Kreativität, Entscheidung, Freiheit), nur noch auf der Ebene der Beobachtung zweiter Ordnung gerecht werden können.

VIII.

In der üblichen Auffassung sind Vorstellungen über kreative Innovationen an eine Kritik der vorhandenen Zustände gebunden. Wozu sollte, könnte man fragen, etwas geändert werden, wenn man kein Urteil über die Zustände hat, in denen ein System sich befindet. Auf Grund einer alten Worttradition – »krinein« heißt trennen, unterscheiden, urteilen und richten – haben sich seit

9 Etwa im Sinne von David Bloor, Knowledge and Social Imagery, London 1976, oder im Sinne von Pierre Bourdieu, Ce que parler veut dire: L'économie des échanges linguistiques, Paris 1982.

dem 18. Jahrhundert kritische Theorien entwickelt. Nicht zufällig geschah dies in Bereichen, vor allem den Künsten und Wissenschaften, in denen sich die Forderung nach ständiger Innovation, Originalität, Kreativität, Neuheit etc. durchgesetzt hatte. In der Moderne ist Kritik ein Pathoswort geworden, das »kritische« Theorien auf sich selbst anwenden, um mitzuteilen, daß sie wissen, woran es fehlt. Aber wissen sie es wirklich?

Wir müssen natürlich den Fehler einer Kritik des Kritisierens vermeiden.[10] Die Theorie des Beobachtens zweiter Ordnung verzichtet auf eine Kritik der Beobachter, die sie beobachtet. Sie weist nicht Fehler nach und behauptet auch nicht, es besser zu wissen und, wenn man es zuließe, es besser machen zu können. Sie generalisiert das Problem – hier: der nur selektiv möglichen Benutzung des Kausalschemas. Sie begnügt sich damit, herauszufinden, welche Beobachter, sie selbst eingeschlossen, mit welchen Unterscheidungen arbeiten und was ausgeblendet sein muß, wenn eine bestimmte (und keine andere) Unterscheidung benutzt wird.

Das hat mit der sich ausbreitenden Einsicht zu tun, daß die Zukunft ohnehin unbekannt ist und anderenfalls gar nicht als Zukunft unterscheidbar wäre. Und damit, daß Theorien, die Strukturänderungen im Zeitlauf behandeln, Evolutionstheorien sein müssen, deren mathematische Simulationen in Chaostheorie, system dynamics etc. nur Unprognostizierbarkeit prognostizieren können. Für die Soziologie ist das nichts Neues. Sie hat immer schon gewußt, daß in ihrem Bereich wissenschaftliche Prognosen unmöglich sind.[11] Theorien, die Prognosen in Frage stellen, hätten dann immer noch die Aufgabe, dazu beizutragen, daß man sich

10 Typisch für den jungen Herder, den Herder der »Kritischen Wäldchen«, der zum Beispiel am Anfang des Ersten Kritischen Wäldchens von »unsrer jetzigen kritischen Pestilenz in Deutschland« spricht – nur um sich selbst dann als angesteckt zu erweisen. Zitat nach Herders Sämmtliche Werke (Hg. Suphan), Bd. 3, Berlin 1878, S. 7.

11 Vgl. Emile Durkheim, Les règles de la méthode sociologique, zit. nach der 8. Aufl., Paris 1927, S. 144f.: »L'état antécédent ne produit pas le conséquent, mais le rapport entre eux est exclusivement chronologique. Aussi, dans ses conditions, toute prévision scientifique est-elle impossible.« [»Der vorhergehende Zustand produziert nicht das Ergebnis, aber die Beziehung zwischen ihnen ist ausschließlich chronologisch. So ist auch unter ihren eigenen Bedingungen jede wissenschaftliche Vorhersage unmöglich.«] Darin mag einer der Gründe für die Umstellung von kausaler auf funktionale Analyse gelegen haben.

in der bereits eingetretenen Gegenwart besser zurechtfinden kann, und vor allem: daß man Entscheidungen darüber treffen kann, mit welchen Unterscheidungen man in künftigen Gegenwarten beobachten will; was nicht ausschließt, daß die künftigen Gegenwarten Anlaß geben können, andere Unterscheidungen zu bevorzugen.

Damit soll den Kritikern das Geschäft nicht verdorben werden. Aber es gibt zu allen kritischen Theorien jetzt eine Metatheorie des Beobachtens, die auf alle kritischen Theorien und auch auf sich selbst anwendbar ist. Kritiker mögen ja recht haben und recht behalten; aber die Frage ist dann immer noch: im Rahmen welcher Unterscheidungen. Die Theorie der Beobachtung zweiter Ordnung hat nicht die Ambition, die Welt zu verbessern. Sie reagiert nur auf die wohl kaum bestreitbare Tatsache, daß es in der Welt beobachtende Systeme gibt, und meint, das könne man nicht ignorieren, wenn man das Ziel verfolgt, eine Theorie mit universalem Geltungsanspruch zu formulieren.

Die Theorie der »observing systems« dient, um es frei nach Horaz zu formulieren, als Schleifstein, um andere Beobachtungsinstrumente an ihrer eigenen Kontingenz zu schärfen. Aber sie schneidet nicht selbst.[12]

12 Horatius, De arte poetica, 304-305:

Fungar vice cotis, acutum
Reddere quae ferrum valet, exsors ipsa secandi.

[Ich werde die Funktion eines Schleifsteins ausführen, der in der Lage ist, die Schärfe des Stahls wiederherzustellen, obwohl er selbst nicht schneiden kann.]

zit. nach der Ausgabe Zürich 1961, S. 32.

Zeit und Gedächtnis

I.

Die Schwierigkeiten, zu einer brauchbaren Theorie des Gedächtnisses zu kommen, haben mehrere Gründe. Da ist einerseits die Tatsache, daß verschiedene Systeme auf ganz verschiedenen Operationsgrundlagen ein Gedächtnis bilden. Entsprechend sind an den Forschungen zu diesem Thema Neurophysiologie, Psychologie und Soziologie beteiligt, und wenn die Philosophie hinzutritt, ist sie mit ihrer klassischen Aufgabe, die Streitigkeiten, die sie in der Welt vorfindet, zu schlichten, rasch überfordert.[1] Die Sache wird, was Disziplinzuständigkeiten betrifft, dadurch noch komplizierter, daß Gedächtnisleistungen auf einer massenhaften Verarbeitung von Kleinstvorgängen beruhen, deren weitere Auflösung in die Zuständigkeit einer anderen Disziplin fiele. So hat Heinz von Foerster eine »quantenphysikalische« Theorie des (neurophysiologischen) Gedächtnisses vorgeschlagen, ohne dann aber die operativen Letzteinheiten des Nervensystems wirklich empirisch zu definieren.[2] Die fachspezifischen Unterschiede in der Erzeugung von Theorien haben, wie zu erwarten, zu ganz verschiedenen Konzepten geführt, wenngleich man den Eindruck hat, daß Gedächtnis überwiegend nach dem Prototyp des Bewußtseins modelliert wird – vielleicht einfach deshalb, weil jeder Forscher sich implizit an seinem eigenen Bewußtsein orientiert und an dem, was und wie es sich erinnert.[3] Das mag unkontrollierte Konsequenzen gehabt haben, zum Beispiel, daß man zwischen Gedächtnis und Erinnern

1 Siehe für einen neueren Versuch Erik Porath (Hg.), Aufzeichnung und Analyse: Theorien und Techniken des Gedächtnisses, Würzburg 1995.

2 Siehe Heinz Förster, Das Gedächtnis: Eine quantenphysikalische Untersuchung, Wien 1948.

3 Siehe z. B. James Fentress/Chris Wickham, Social Memory: New Perspectives on the Past, Oxford 1992. Obwohl die Untersuchung von *sozialem* Gedächtnis handeln will, bleibt sie (aus Angst vor »Kollektivgeistern«?) ganz an *individuellem Bewußtsein* orientiert und bekommt deshalb Soziales nur als »Transmission« in den Blick, obwohl das behandelte Material (etwa die Epen der »oralen Tradition«) eher dagegenspricht.

nicht ausreichend unterscheidet und die Leistung des Gedächtnisses an dem mißt, was es erinnern kann.[4]

Ungeachtet dieser letztlich systembedingten Diversität scheint es aber ein Problem zu geben, das die Theorie des Gedächtnisses in jedem Fall betrifft, nämlich die Beziehungen zwischen Gedächtnis und Zeit. Der Begriff des Gedächtnisses bringt, wenn man ihn allgemein genug faßt, zum Ausdruck, daß das Einsetzen von Operationen im System immer schon vorbereitet ist.[5] Eingehende Impulse werden als Irritation registriert, auf den Systemzustand als Resultat früherer Operationen projiziert und einem Vergleich unterzogen. Nur so entsteht Kognition – und zwar in neurophysiologischen, psychischen und kommunikativen Systemen gleichermaßen.[6] Kognition jeder Art setzt also Gedächtnis voraus, was unter anderem heißt, daß die Gedächtnisleistungen selbst nicht zureichend als Kognition (als »Erkennen« vergangener Sachverhalte) begriffen werden können. Man könnte daraufhin zwei Fragen stellen, die aber vermutlich mit ein und derselben Antwort bedient werden können. Die erste lautet: wozu brauchen Systeme überhaupt ein Gedächtnis? Die zweite: wie ist ein Gedächtnis möglich und wie kann es sich reproduzieren? Die Schwierigkeit besteht nun darin, daß uns für eine Erklärung des Gedächtnisses, und sei es im Kontext einer Evolutionstheorie, kein ausreichender Begriff der Zeit zur Verfügung steht.

Wir wissen natürlich, daß kein System in der Vergangenheit operieren kann, und dies auch dann nicht, wenn es sein Gedächtnis benutzt. Auch die Erinnerung an Vergangenes kann nur in der Gegenwart und nicht in der Vergangenheit stattfinden. Das steht schon mit dem Begriff des Sich-Erinnerns fest, aber auch mit der

4 Siehe aber die Unterscheidung von bewußtem Erinnern und nichtbewußtem Gedächtnis bei Erik Porath, Erinnerung: Bewußtsein, Kommunikation, Gedächtnis: Die systemtheoretische Sicht auf das Gedächtnis und Ansätze zu einer Kritik, in: ders. (Hg.), Aufzeichnung und Analyse, a. a. O., S. 73-101, hier: S. 83 ff.

5 Ludwig Wittgenstein, Tractatus logico-philosophicus, Schriften, Bd. 1. Frankfurt/M. 1969, S. 31, formuliert dies ohne ausgearbeitete Theorie des Gedächtnisses mit dem einfachen Wörtchen »schon«: »Jeder Satz muß *schon* einen Sinn haben; die Bejahung kann ihn nicht geben, denn sie bejaht ja gerade den Sinn. Und dasselbe gilt von der Verneinung, etc.« (4.064).

6 Vgl. Heinz von Foerster, Was ist Gedächtnis, daß es Rückschau *und* Vorschau ermöglicht?, in: ders., Wissen und Gewissen: Versuch einer Brücke, Frankfurt/M. 1993, S. 299-336, hier: S. 305.

Irreversibilität von Zeit. Nur: Was ist als Zeit vorausgesetzt, wenn wir in dieser Weise zwischen Gegenwart und Vergangenheit unterscheiden?

Die traditionsreiche Frage, was die Zeit ihrem Wesen nach sei, wartet seit Augustin vergeblich auf eine Antwort. Weitere Bemühungen sollen nicht vorab entmutigt werden, aber man sollte auch prüfen, ob nicht die Fragestellung geändert werden kann. In Übereinstimmung mit konstruktivistischen Grundannahmen der modernen Kognitionsforschung wollen wir deshalb fragen, wie Zeit errechnet wird. Das macht das, was als Zeit beobachtet wird, von der vorgängigen Wahl einer Systemreferenz abhängig, sollte aber nicht ausschließen, daß Systeme über strukturelle Kopplungen verbunden sind und dadurch ihre Zeitbeobachtungen koordinieren, zumindest auf einen fundamentalen Modus der Gleichzeitigkeit allen Geschehens zurückführen müssen.[7]

Auf alle Fälle müssen, damit Zeit überhaupt erscheinen kann, die Zeitpunkte in ihrer unreduzierbaren Individualität belassen bleiben, und zwar gerade deshalb, weil sie mit ihrem Entstehen sofort wieder verschwinden. Man mag sie, um sie erinnern und voraussehen zu können, datieren. Aber das berührt ihre Vergänglichkeit nicht, sondern ist nur eine Art Mnemotechnik, die es dem Zeitgedächtnis ermöglicht, eine »Dimension« zu bilden, auf der es vergangene und künftige Zeitpunkte verknüpfen kann. Chronometrien jeder Art (und damit auch Zeitbegriffe wie der des Aristoteles) betreffen mithin nur das Gedächtnis der Zeit, nicht die Zeit selbst. Die Zeitpunkte selbst lassen sich nicht aggregieren. Eine Rechenaufgabe, die fragen würde: (Montag zwischen Sonntag und Dienstag) + (Dienstag zwischen Montag und Mittwoch) = x, macht keinen Sinn. Der dritte und der vierte Tag eines Monats ergeben, zusammengezählt, nicht den siebten des Monats. Das wissen wir intuitiv, aber die Bedeutung dieser Aggregationssperre und ihre Relevanz für eine Theorie des Gedächtnisses bedürfen trotzdem einer genaueren Klärung.

Der Grund dafür dürfte sein, daß Zeitpunkte sich nicht als solche, sondern nur als Differenz zwischen einem Vorher und einem Nachher beobachten lassen. Sie aktualisieren sich nur dank eines

7 Im übrigen: ein altes Thema. Siehe dazu Loet Leydesdorff, Uncertainty and the Communication of Time, Systems Research 11/4 (1994), S. 31-51.

rekursiven Zugriffs auf andere, nicht aktuelle Zeitpunkte. Die Frage, wie ihre elementare Einheit erzeugt wird, läßt sich deshalb nicht durch Angabe einer Zahl oder einer Variablen und damit durch Arithmetik oder Algebra[8] beantworten. Wenn man zur Bezeichnung von Zeitpunkten Zahlen braucht, haben sie nur die Funktion von Namen und nicht die Funktion von Recheneinheiten, und es ist nur der Riesenbedarf für solche Namen, der uns daran hindert, uns mit Worten wie Juli oder Dienstag zu begnügen. Das führt auf die weitere Frage, wie denn bei der Markierung eines Zeitpunktes ein Vorher und ein Nachher unterschieden werden könne, so daß der Zeitpunkt selbst als ein bloßes »Dazwischen«, als eine Grenze, als ein »Weder-vorher-noch-nachher«, als ein »Nichts« trotzdem einen Orientierungswert erhält. Die Einheit eines Zeitpunktes wird also durch einen Beobachter erzeugt, *und der braucht dafür ein Gedächtnis.*

In evolutionstheoretischer Perspektive könnte man jetzt fragen: Gibt es Vorteile der Verwendung von Zeit als Beobachtungsschema – und sei es nur im Bereich des Wahrnehmens, also des Sehens einer Bewegung –, die die Entwicklung von Systemen mit Gedächtnis begünstigt haben? Und weiter: wie erbringt ein Gedächtnis diese Leistung, Zeit beobachtbar zu machen?

Zwischen Zeit und Gedächtnis besteht demnach ein zirkuläres Verhältnis wechselseitiger Voraussetzung. Einerseits kann Zeit nur beobachtet werden, wenn der Beobachter von Einmalereignissen ausgeht, die zwar datiert werden können, aber mit ihrem Entstehen sofort wieder verschwinden. Nur an solchen Ereignissen ist eine Differenz ablesbar, die als Unterschied von Vergangenheit und Zukunft interpretiert werden und in diese Zeithorizonte in der Form vergangener bzw. künftiger Ereignisse wiedereintreten kann. Das Verschwinden der Ereignisse besagt auch, daß ihre Eigenzeit keine Spuren hinterläßt. Wäre alles, was ein Ereignis gewesen ist, immer noch da, so wie die Beule am Auto, gäbe es kein Vergessen, also auch kein Erinnern. Die Welt wäre auf dem Stand, der sich einmal ereignet hat, fixiert. Es könnte dann auch keine Systeme geben, die in einer Umwelt bestehen können, in der es notwendig

8 Die ihrerseits auf die Frage gefaßt sein müssen, wie sie zur Identität von konstanten bzw. variablen Recheneinheiten kommen – eine Frage, die zu den »Laws of Form« von George Spencer Brown führt.

ist, sich auf wechselnde Lagen einzustellen. Andererseits könnten Systeme, wenn nichts von dem, was sich einmal ereignet hat, bliebe, auch keine Strukturen aufbauen, keine Erwartungen bilden, nicht lernen. Es muß deshalb einen Mechanismus geben, der zwischen Löschen und Bewahren, zwischen Vergessen und Erinnern diskriminiert. Das Verschwinden der Ereignisse gibt dem Gedächtnis die Freiheit für dieses Diskriminieren. Andererseits kann das Verschwinden selbst nur beobachtet werden, wenn ein Gedächtnis schon funktioniert, das den Unterschied beobachten kann, den das Ereignis erzeugt.

Das Gedächtnis scheint nach alldem eine Reflexionsinstanz zu sein, die über genügend Freiheitsgrade verfügt, um nicht an dem, was geschieht, kleben zu bleiben, sondern es einerseits durch die Ereignisform des Beobachtens verschwinden läßt und andererseits Schemata abzieht, die wiederverwendet werden können. Zu diesen Schemata gehört dann nicht zuletzt auch die Ereignishaftigkeit der Zeit.

II.

Für die nächsten Überlegungsschritte wird es sinnvoll sein, davon auszugehen, daß Systeme sich jeweils in dem Zustand befinden, in den sie sich selbst versetzt haben. Das gilt jedenfalls für die sogenannten »autopoietischen Systeme«, ist aber im Prinzip unabhängig davon, wie ein Beobachter über das Kausalschema disponiert und ob er den Systemzustand ganz oder teilweise endogen oder exogen zurechnet.[9] Die Geschichte des Systems hinterläßt im System Spuren. Aber ein System, das durch die Spuren seiner eigenen Geschichte determiniert ist, hat keine Zukunft, die sich von seiner Vergangenheit unterscheiden ließe. Es hat keine Freiheitsgrade,

9 Das Kausalschema ist offen genug, daß es dazu verschiedene und kontroverse Meinungen geben kann. Ebendeshalb haben Robert Drazin/Lloyd Sandelands, Autogenesis: A Perspective on the Process of Organizing, Organization Science 3 (1992), S. 230-249, vorgeschlagen, von Autogenesis auszugehen. In jedem Fall könnte ja ein System, wenn es gar nicht vorhanden wäre, auch kein Wirkungsfeld für externe Ursachen sein. Im folgenden sehen wir jedoch ganz von der Frage ab, wie und durch wen der Zustand, in dem ein System sich befindet, kausal erklärt werden kann.

über die es verfügen könnte, also keine Gegenwart – und also keine Zeit. Die Leitfrage ist daher: kann ein System die Selbstfestlegung durch die eigenen Operationen vermeiden oder doch in vielen Hinsichten vermeiden, so daß ihm Möglichkeiten bleiben, sich neuen Vorfällen oder neuen Einfällen zu stellen? Kann ein System die durch es selbst erzeugten Spuren löschen?

Um diese Frage scharf genug im Blick zu behalten, muß man beachten, daß sie sich auf Spuren *eigener* Operationen bezieht. Dazu gehören natürlich auch Spuren der Verarbeitung von Informationen, deren Herkunft und Informationsgehalt der Umwelt zugerechnet werden – also auch der Fall, daß ein Briefträger sich erinnert, gehört zu haben, daß Briefträger häufig von Hunden gebissen werden. Das Spurenlöschen ist also gerade dann ein Problem, wenn man davon ausgeht, daß es sich um strukturdeterminierte Systeme handelt, die sich nur durch Strukturen determinieren können, die sie durch ihre eigenen Operationen erzeugt haben. Die Umwelt hinterläßt keine Spuren im System; sie kann es nur ganz oder teilweise zerstören.

Es ist nur eine andere Formulierung für diesen Befund, wenn man sagt, daß das Gedächtnis etwas mit der Rekursivität der Operationen des Systems zu tun hat. Rekursivität heißt: Wiederanwendung der Operationen auf ihr eigenes Ergebnis.[10] Entscheidend ist, daß die Operationen dazu nicht wiederholt werden müssen, sondern an ihrem Ergebnis greifbar sind. Insofern ist Gedächtnis ein verkürzter Ausdruck für die Rekursivität der Systemoperationen; aber die Verkürzung liegt nicht in der Abstraktionsleistung eines Beobachters, sondern sie wird vom System selbst produziert und benutzt. Die Operationen selbst können vergessen werden, sobald an ihre Resultate angeschlossen wird.

Das Löschen der Spuren hat in der Theorie des Gedächtnisses den Namen »Vergessen«. Vergessen ist jedoch nicht, wie man im

10 Siehe Heinz von Foerster, Prinzipien der Selbstorganisation im sozialen und betriebswirtschaftlichen Bereich, in: ders., Wissen und Gewissen: Versuch einer Brücke, Frankfurt/M. 1993, S. 233-268; ders., Für Niklas Luhmann: Wie rekursiv ist Kommunikation?, Teoria Sociologica 1/2 (1993), S. 61-85 (siehe Nachdruck For Niklas Luhmann: »How Recursive is Communication?«, in: ders., Understanding Understanding: Essays on Cybernetics and Cognition, New York 2003, S. 305-323); vgl. auch Günter Ortmann, Formen der Produktion: Organisation und Rekursivität, Opladen 1995, S. 81 ff., 98 ff.

Alltagsverständnis meint, ein bedauerliches Mißgeschick. Es ist vielmehr die primäre Funktion des Gedächtnisses.[11] Schon während der laufenden Operationen oder sehr bald danach sortiert das Gedächtnis aus, was vergessen werden kann. Dieser Vorgang bleibt unbemerkt, denn man muß natürlich vergessen, daß man vergessen hat, was man vergessen hat, weil anderenfalls das Vergessen durch Erinnern sabotiert werden würde. Was dem Bewußtsein möglich bleibt, ist die Erfahrung des »Sich-nicht-erinnern-Könnens« oder des »Vergessen-Habens«. Man kann darin einen Anlaß finden, etwas Verlorenes zu suchen. Aber das ist eine Operation, die vom Vorgang des Vergessens selbst durch (oft beträchtliche) Zeitdistanzen getrennt ist und nie dazu führen kann, daß man das Vergessen selbst erinnert.

Im Unterschied zu der wohl durchgehend akzeptierten Auffassung liegt die Funktion des Gedächtnisses also nicht darin, etwas Vergangenes wiederzufinden und wieder zugänglich zu machen. Im Gegenteil: das Gedächtnis hat die Funktion, im laufenden Mitwirken an den Operationen des Systems deren Entschwinden in die Vergangenheit zu befördern, die Spuren zu löschen und die Vergangenheit zu invisibilisieren. Ohnehin hätte das Vergangene, strikt zeitlich verstanden, ja keinen Zukunftswert, da es unabänderlich ist. Zurückbehalten wird nur der gegenwärtige Zeithorizont der Vergangenheit (im Unterschied zur Zukunft), ferner die der Zeitmessung dienende Struktur der Datierungen sowie einige Schemata, die in der Gegenwart als bekannt behandelt werden können und als Redundanzen gebraucht werden, um Varietät registrieren und bearbeiten zu können. Mit anderen Worten: Zeit wird sowohl irreversibel als auch kumulativ aufgefaßt. Diese beiden Aspekte können aber nicht voll (das heißt: für alle Ereignisse) zur Deckung kommen. Ihr Zusammenhang muß sowohl bewahrt als auch unterbrochen werden. Deshalb nimmt das Gedächtnis die Doppelfunktion des Erinnerns (Bewahrens) und Vergessens (Unterbrechens) wahr.[12] Und da diese Funktionen einander widersprechen, kann das Gedächtnis weder auf ein Prinzip zurückgeführt noch durch die Unterscheidung wesentlich/unwesentlich program-

11 Hierzu Förster, Das Gedächtnis, a. a. O.

12 Ein ähnliches, auf die positive Funktion des Vergessens bezogenes Argument bei Bernard Ancori, Apprentissage, temps historique et évolution économique, Revue internationale de systémique 7 (1993), S. 593-612.

miert werden. Es gibt den verschiedenen Systemen jeweils unterschiedliche Chancen.

Damit ist klargestellt: nicht nur der Gebrauch des Gedächtnisses zur Erinnerung an Vergangenes findet in der Gegenwart statt, sondern auch die Produktion und Reproduktion des Gedächtnisses selbst. Das Gedächtnis entsteht als Nebenprodukt der Operationen, und wir können hinzufügen: jeder Operation des Systems. Es befaßt sich laufend mit Sortierungsaufgaben, mit dem Diskriminieren von Erinnern und Vergessen an Hand von Unterschieden, die es mit eigenen Unterscheidungen feststellt. Es notiert zum Beispiel das Schonbekanntsein von Eindrücken, um sie durch Wiedererkennen zu bestätigen, und es notiert Auffälligkeiten, um sie ins Gedächtnis einzufügen oder als nicht bemerkenswert zu vergessen. Dies laufende Reaktualisieren geschieht nebenbei und ohne selbst zum Thema zu werden. Das Gedächtnis leistet, könnte man sagen, eine nicht intendierte und nicht intendierbare Zweitauswertung dessen, was ohnehin als Operation durchgeführt wird.

Dies ist für bewußt operierende (psychische) Systeme, und wir bleiben zunächst bei diesem Fall, leicht einzusehen. An Hand der Schemata, die zum Wiedererkennen und zum Markieren als bekannt und vertraut benutzt werden, wird zugleich das erkennbar, was als abweichend und, unter besonderen Bedingungen, als neu aufgefaßt wird. Das Gedächtnis benutzt seine Schemata also nicht schematisch,[13] sondern auch zu einer laufenden Bifurkation nach Maßgabe von konform/abweichend, um sich ständig selbst zu provozieren. Diese Doppelseitigkeit der Form der Schemata entspricht dem, was in der Evolutionstheorie als Selektion (aus Anlaß von Variationen) bezeichnet wird. Aber anders als Darwins Begriff des »natural selection« suggerieren könnte, läuft dies nicht auf eine quasi mechanische Anpassung an die Umwelt hinaus. Vielmehr sortiert das Gedächtnis aus Anlaß von Auffälligkeiten (die immer nur an den eigenen Schemata auffallen), ob es das Bemerkte der Situation zurechnen oder in ein neues Schema verwandeln will, das für Wiedererkennen ähnlicher Sachverhalte zur Verfügung steht. Auf diese Weise können Systeme, die über ein Gedächtnis verfügen, nicht nur Ballast abwerfen, indem sie vergessen. Sie können sich auch vorübergehend auf vorübergehende Lagen einstellen und

13 Vgl. Joseph W. Alba/Lynn Hasher, Is Memory Schematic?, Psychological Bulletin 93 (1983), S. 203-231.

dabei selbst (vielleicht oft irrig) bestimmen, was sie als vorübergehend ansehen und was sie in die Form eines Schemas bringen und in diesem Sinne lernen wollen. Und all dies geschieht ohne Intention, also ungesteuert, obwohl die Systeme auf einer reflexiven Ebene dann auch Lernvorgänge und das Erkennen von Lernsituationen schematisieren können.[14]

Diese alle Operationen begleitende Funktion des Gedächtnisses operationalisiert offenbar die Identität (das »Ich«, das »Selbst«) des Systems, die weder vergessen noch erinnert werden kann, weil sie immer schon da ist und nur einem »selfreferential updating«[15] unterliegt. Damit wird zugleich klar, daß das, was dem Gedächtnis als Gedächtnis auffällt und es ihm ermöglicht, etwas Vergessenes aktiv zu suchen, nur ein Sonderfall ist. Das Gedächtnis kann im Ausnahmefall Zeitschemata benutzen, wenn man zum Beispiel überlegt, wann und unter welchen Umständen man jemanden kennengelernt hat. Es kann sich dann vergangene Situationen wie einen Ereignisraum vorstellen, um mit Hilfe der üblichen Schemata (Kennenlernen von Personen zum Beispiel) Inhalte nachzufüllen, die sonst unbeachtet blieben. Aber das ist bereits eine reflexive Verwendung von Gedächtnis, ein Hantieren mit der *Differenz* von Vergessen und Erinnern. Es setzt die alltägliche Funktionsfähigkeit des Gedächtnisses, also das Bereithalten von Schemata voraus. Man braucht im Normalfalle keine Zeitdimension, um sich zum Beispiel daran zu erinnern, wann und unter welchen Umständen man gelernt hat, wie man einen Löffel anfaßt, um damit zu essen; und folglich ist und bleibt, wenn man es kann, vergessen, wie es war, als man lernte, mit dem Löffel zu essen.

14 Gregory Bateson spricht von »deutero-learning«, ohne allerdings die Zusammenhänge mit einer Theorie des Gedächtnisses auszuleuchten. Siehe z. B. Gregory Bateson, Ökologie des Geistes: Anthropologische, psychologische, biologische und epistemologische Perspektiven, Frankfurt/M. 1981, S. 229 ff. u. ö.; vgl. auch Ancori, Apprentissage, temps historique et évolution économique, a. a. O.

15 Diese Formulierung gebraucht Leydesdorff, Uncertainty and the Communication of Time, a. a. O.

III.

Schon in der Systemreferenz Bewußtsein, also bei Beschränkung der Analyse auf das Gedächtnis des Bewußtseinssystems, fällt auf, daß das Gedächtnis unbemerkt operiert und nur gelegentlich bewußt befragt wird. Wie kann aber Bewußtsein unbewußt operieren?

Diese Paradoxie kann man auflösen, indem man zwei verschiedene autopoietische Systeme unterscheidet, nämlich das Bewußtsein und das Nervensystem. Das Bewußtsein verläßt sich, was Gedächtnis angeht, offenbar weitgehend auf die neurophysiologischen Operationen seines Gehirns und spart damit Aufmerksamkeit auf für besonders wichtige Fälle.

Es muß demnach auch ein besonderes Gedächtnis des Gehirns geben. Auch dieses Gedächtnis nimmt jedoch eine weitere Ebene autopoietischer Systembildung in Anspruch, nämlich die Fähigkeit der Nervenzellen, Spuren aufzuzeichnen, die desaktiviert (»vergessen«) und nach Maßgabe von Bedingungen reaktiviert (»erinnert«) werden können. Wenn solche Konditionalisierungen einmal eingerichtet sind, können auch sie selbst von Bedingungen abhängig gemacht werden, so daß sich auf der Basis eines Grundschemas von Desaktivierung/Reaktivierung sehr komplexe Strukturen aufbauen lassen. Ebenso wie im Verhältnis des Bewußtseins zu seinem Nervensystem sind hier strukturelle Kopplungen vorausgesetzt, die die Selbstorganisation und die operative Schließung der beteiligten Systeme nicht beeinträchtigen, sondern gerade ermöglichen. Das Nervensystem nutzt diese An/Aus-Kapazität seiner Zellen über Verschaltungen (Engramme), deren Funktion darauf beruht, daß ihre Elemente nicht immer, also nicht immer gleichzeitig, aktiv sein müssen. Nur so ist die Leistung des Gehirns erklärbar, eine Riesenzahl von Informationen schnell erzeugen zu können, ohne dabei auf ortsgebundene Speicher angewiesen zu sein.

Offenbar ist ein Gedächtnis also auf ein Zusammenwirken mehrerer autopoietischer Systeme angewiesen, ohne daß dies Zusammenwirken die Autonomie und selbstbestimmte Rekursivität der Systeme einschränkt. Hier könnte die Erklärung dafür liegen, daß das Gedächtnis des Bewußtseins unbemerkt funktioniert, während die Autopoiesis des Bewußtseins, also die Erzeugung von Bewußtsein aus Bewußtsein, immer bewußt abläuft. Auch wird man davon ausgehen müssen, daß das Bewußtsein Zeit ganz anders konstituiert, als sie in den neurophysiologischen Operationen vorliegt.[16] Zum Beispiel wird die Intensität eines erlebten Eindrucks durch eine *Sequenz* von Impulsen erzeugt, die aber im Eindruck selbst nicht mehr als Sequenz erscheinen, sondern eben als Intensität,[17] vielleicht um den Aufmerksamkeitswert zu steigern. Das gilt auch für den Aufbau emotionaler Erregungszustände, die erst mit einer gewissen Verzögerung eintreten, was aber nicht als Struktur des Gefühls registriert wird. Entsprechend kann das wahrnehmende Bewußtsein seine eigene Autopoiesis erst beginnen, nachdem das Nervensystem seine Arbeit getan hat. Es ist schon etwas nicht mehr Veränderliches geschehen, und darin dürfte wohl der Grund dafür liegen, daß es dem Bewußtsein leichtfällt, das, was ihm bewußt wird, als *Sein* zu qualifizieren. Wenn überhaupt mit Zeitunterscheidungen beobachtet wird, hat das Bewußtsein keine andere Wahl als: eine Differenz von Vergangenheit und Gegenwart anzunehmen. Das berechtigt aber nicht zu dem Schluß, daß die Welt und ihre Zeit ebenso gebaut sind (zumindest seit der Schöpfung), sondern der Eindruck einer Seinszeit, die durch diese Unterscheidung charakterisiert ist, wird durch die Differenz von Nervensystem und Bewußtseinssystem erzeugt.

Diese Überlegung könnte hilfreich sein, wenn wir uns nunmehr der Frage zuwenden, ob soziale Systeme, die sich auf der operativen Basis von Kommunikation reproduzieren, über ein eigenes Gedächtnis verfügen, das sich des Bewußtseins der Teilnehmer bedient, *ohne dies zum Thema der Kommunikation zu machen.* Wie im Falle des Bewußtseins auch ist damit nicht ausgeschlossen, daß man sich kommunikativ um Erinnerungen bemüht, zum Beispiel bei kriminalpolizeilichen oder gerichtlichen Verhören. Aber es ist undenkbar, daß sich das gesamte soziale Gedächtnis durch ständig explizite Rückversicherung bei dem, was Individuen erinnern, reproduziert. Ein derart unökonomischer Aufwand würde das so-

16 Dazu muß allerdings gesagt werden, daß wir nicht wissen (wenn diese Frage überhaupt Sinn macht), wie das Gehirn selbst Zeit beobachtet. Die Neurophysiologie unterstellt bei ihren Forschungen einfach einen objektiven Begriff von meßbarer Zeit.

17 Vgl. Ernst Florey, Gehirn und Zeit, in: Siegfried J. Schmidt (Hg.), Gedächtnis: Probleme und Perspektiven der interdisziplinären Gedächtnisforschung, Frankfurt/M. 1991, S. 170-189.

ziale System immobilisieren. Erst recht könnte auf diese Weise die Hauptleistung des sozialen Gedächtnisses, das Spuren löschende Vergessen, nicht erklärt werden. Das soziale Gedächtnis muß vergessen können auch dort, wo Bewußtseinssysteme sich noch erinnern. Es disponiert selbständig, das heißt: auf Grund eigener Rekursionen, über die Differenz von Erinnern und Vergessen.[18]

IV.

Soziale Systeme sind schon deshalb auf ein eigenes Gedächtnis angewiesen, weil jede Kommunikation voraussetzen muß, daß sie verstanden werden kann. Diese Voraussetzung ist in die Kommunikation selbst eingebaut. Es reicht also nicht aus, mit einem informationstheoretischen Modell zu arbeiten, wonach es nur um den mehr oder weniger störungsfreien Transport von Informationen von einer Position zu einer anderen geht, so als ob der Sender eine inhaltliche fertige Mitteilung nur noch »rüberbringen« will. Dabei wird das Problem der »doppelten Kontingenz« verkannt, das nur durch einen speziell darauf bezogenen Operationstyp, eben Kommunikation, gelöst werden kann.[19] Die Kommunikation selbst muß sich auf Verstehbarkeit einrichten, weil sie anders nicht die Autopoiesis des sozialen Systems fortsetzen könnte, sondern ein Ergebnis bliebe, das mit seinem Vorkommen sofort wieder verschwände und nichts zur Systembildung beitrüge. Ohne Verstehbarkeit könnte nicht einmal zwischen Annehmen und Ablehnen der Kommunikation unterschieden, also nicht ausgemacht werden, ob die Kommunikation über Konsens oder Dissens oder als in dieser Hinsicht vorläufig unentschieden weitergeführt werden soll.

Die Voraussetzung der Verstehbarkeit kann jedenfalls nicht psychisch getestet werden, da die operative Geschlossenheit sozialer Systeme nicht zuläßt, daß psychische Prozesse, vor allem Wahrnehmungen, aber auch emotionale und reflexive Selbstkontrollen der Bewußtseinssysteme, ins Kommunikationssystem aufgenommen werden (was natürlich nicht ausschließt, daß die Kommunikation

18 Siehe dazu das Kapitel »Institutions Remember and Forget«, in: Mary Douglas, How Institutions Think, Syracuse, New York 1986, S. 69 ff.

19 Hierzu näher Niklas Luhmann, Soziale Systeme: Grundriß einer allgemeinen Theorie, Frankfurt/M. 1984, S. 148 ff.

sie zu ihrem Thema machen kann). Aber auch die Kommunikation selbst kann nicht alle Voraussetzungen der Verständlichkeit testen; schon deshalb nicht, weil der Test selbst sich auf solche Voraussetzungen einlassen müßte; vor allem aber deshalb nicht, weil der Aufwand viel zu hoch wäre und den Fortgang der Operationen blockieren würde. (Wir erinnern an das Parallelargument für den Fall des Bewußtseins.) Damit ist aber zunächst nur eine theoretische Leerstelle bezeichnet. Die Frage ist deshalb: wie funktioniert ein soziales Gedächtnis, so daß es vergessen und erinnern kann, ohne dabei auf eine Punkt-für-Punkt-Übereinstimmung mit psychischen Tatbeständen angewiesen zu sein?

Wir müssen jedenfalls den Ausdruck »kollektives Gedächtnis« vermeiden. Es geht nicht um ein Sammeln oder Zusammenfügen individueller Gedächtnisleistungen, geschweige denn um ein in Analogie zum Individuum zu begreifendes Kollektiv. Entscheidend ist gerade umgekehrt, daß das soziale Gedächtnis die Bewußtseinssysteme aus den eigenen Operationen ausschließt, um sie als Umwelt voraussetzen zu können. Bewußtseinssysteme sind nur die andere Seite der Form des sozialen Gedächtnisses, aber gerade als solche unentbehrlich. Gerade die Schwierigkeit, wenn nicht Unmöglichkeit, die individuell verstreuten Erinnerungen sozial zu reaktivieren, begründet die Notwendigkeit eines spezifisch sozialen Gedächtnisses. Soziale Systeme sind nur möglich, wenn das, was sie an Kommunikationsleistungen erbringen, von Individuen zwar registriert wird, aber in den psychischen Systemen der Individuen gleichsam versickert und sich so verstreut, daß es nicht wieder (oder allenfalls für einige Individuen und ausnahmsweise) sozial reaktiviert werden kann. Die Mitwirkung des sozialen Gedächtnisses an der Autopoiesis sozialer Systeme beruht auf deren Selbstorganisation und damit auf einer eigenen Basis für das laufende Diskriminieren von Vergessen und Erinnern.

Bevor es Schrift gibt, müssen sich Gesellschaften mit einem topographischen Gedächtnis begnügen.[20] Ihre Zivilisation hat sich im Raum niedergelassen, und das ermöglicht eine ausreichende wechselseitige Orientierung. Das soziale Gedächtnis kooperiert eng mit der Wahrnehmung und der Wahrnehmung des Wahrnehmens

20 Vgl. Gerdien Jonker, The Topography of Remembrance: The Dead, Tradition and Collective Memory in Mesopotamia, Leiden 1995.

der Menschen. Aber es gibt auch ein soziales Gedächtnis, das, kurzfristig zumindest, an Kommunikation anschließt und regelt, was als Kommunikation erinnert bzw. vergessen wird.

Als genuin soziale Form von Gedächtnis ist vor allem Sprache zu nennen mitsamt ihrem Derivat Schrift.[21] Einerseits vermittelt Sprache Kommunikation, indem sie ihr hohe, relativ situationsunabhängige Ausdrucksmöglichkeiten zur Verfügung stellt und trotzdem es erlaubt, Verstehbarkeit zu unterstellen, bis es zu Rückfragen oder Protesten kommt. Andererseits erneuert der Gebrauch der Worte und der grammatischen Regeln von Situation zu Situation deren Bekanntsein und verhindert deren Vergessen. Der Sprachgebrauch re-imprägniert, könnte man mit Heinz von Foerster sagen,[22] das soziale Gedächtnis, *ohne daß dies zum Thema der Kommunikation werden müßte*. An dieser Stelle wird mithin die gelernte und erinnerte Sprachkompetenz der Individuen in Anspruch genommen, aber in einer Weise, die den Fortgang der Kommunikation nicht behindert.[23] Die Wiederholung der Worte und ihrer Verknüpfungsregeln bedient und erneuert das Gedächtnis der sozialen ebenso wie der psychischen Systeme, ohne daß für diese Funktion Aufmerksamkeit oder Kommunikationszeit aufgewandt werden müßte. Und genau das ermöglicht es dem Gedächtnis, seine Funktion des Diskriminierens von Erinnern und Vergessen unbemerkt zu erfüllen.

Aber Sprache wirkt nicht spezifisch genug, um dirigieren zu können, auf was die Kommunikation sich stützen kann, wenn

21 Für einen Vergleich der Leistungen des sozialen Gedächtnisses vor und nach der Einführung von Schrift siehe Aleida Assmann/Jan Assmann, Das Gestern im Heute: Medien und soziales Gedächtnis, in: Klaus Merten/Siegfried J. Schmidt/Siegfried Weischenberg (Hg.), Die Wirklichkeit der Medien: Eine Einführung in die Kommunikationswissenschaft, Opladen 1994, S. 114-140; vgl. auch Aleida Assmann/Dietrich Harth (Hg.), Mnemosyne: Formen und Funktionen der kulturellen Erinnerung, Frankfurt/M. 1991.

22 Das Gedächtnis, a. a. O.

23 Umgekehrt macht dieser Zusammenhang verständlich, daß die Experimentalpsychologie seit Hermann Ebbinghaus, Über das Gedächtnis: Untersuchungen zur experimentellen Psychologie, Leipzig 1885, das Lernen sinnfreier, nicht als Sprache verständlicher Silben bevorzugt, um die Gedächtnisleistungen des Bewußtseins gleichsam pur zu erforschen. Die Entscheidung für diese Vorgehensweise war seinerzeit rein forschungspragmatisch und methodologisch motiviert gewesen, aber sie kann heute auch als Versuch begriffen werden, psychische Systeme aus den sozialen Kontexten ihres normalen Operierens herauszulösen.

sie abzuschätzen versucht, was verständlich ist – wenn sie, könnte man sagen, sich selbst zu antizipieren versucht. Für einen zweiten Schritt könnten Begriffe hilfreich sein, die die Psychologie, aber auch die Rhetorik eingeführt hat, die sich aber auch, wenn nicht sogar besser, auf das soziale Gedächtnis anwenden lassen. Wir halten uns vor allem an den Begriff des Schemas.[24] Andere, sehr nahestehende Begriffe wären »script«, »cognitive map«, »frame« und (in der Rhetorik) »genre«.[25] In all diesen Fällen geht es um Resultate einer Inhibierung des Vergessens (also um eine Repression der Repression). Ein Schema wird zurückbehalten, wenn alles andere dem Vergessen überlassen wird. Selbst wenn man sich dann um konkrete Erinnerungen bemüht, führt das Schema den Suchprozeß. Man hat seinen »Schirm verloren«, wo kann er geblieben sein?

Der Begriff des Schemas darf nicht zeitabstrakt im Sinne eines dauerhaften Vorhandenseins verstanden werden. Ein Schema existiert nur, indem es benutzt wird, und nur in den Momenten, in denen dies geschieht.[26] Die autopoietischen Systeme kennen, da sie nur aus Operationen bestehen, keine von den Operationen unabhängigen Strukturen. Die Wiederverwendbarkeit muß deshalb durch Rückgriff auf eine andere Systemebene erklärt werden; sie setzt für Bewußtseinssysteme Gehirne und für soziale Systeme Bewußtsein voraus.

24 Siehe Frederic C. Bartlett, Remembering: A Study in Experimental and Social Psychology, Cambridge, UK 1932.

25 Vgl. als Beispiele aus einer umfangreichen Literatur nur Robert P. Abelson, Psychological Status oft the Script Concept, American Psychologist 36 (1981), S. 715-729; Erving Goffman, Frame Analysis: An Essay on the Organization of Experience, Cambridge, Mass. 1974; Roger C. Schank/Robert P. Abelson, Scripts, Plans, Goals and Understanding: An Inquiry into Human Knowledge Structures, New York 1977; A. Tversky/D. Kahneman, The Framing of Decision and the Psychology of Choice, Science 211 (1981), S. 453-458; Carolyn R. Miller, Genre as Social Action, Quarterly Journal of Speech 70 (1984), S. 151-167. Die Verschiedenheit der Namen ist verwirrend. Sie hat wissenschaftsintern offenbar die Funktion, Innovation zu markieren und dem jeweiligen Autor zuzurechnen, und deshalb ist auch eine genaue Analyse der etwaigen Unterschiede unterblieben. Wir werden uns im Text im wesentlichen an den Begriff des Schemas halten, aber dann, wenn erwartete Handlungen einbezogen sind, von Skript sprechen.

26 Siehe hierzu Ashgar Iran-Nejad/Abdollah Homaifar, Assoziative und nicht-assoziative Theorien des verteilten Lernens und Erinnerns, in: Siegfried J. Schmidt (Hg.), Gedächtnis: Probleme und Perspektiven der interdisziplinären Gedächtnisforschung, Frankfurt/M. 1991, S. 206-249, hier: S. 227 f.

Schemata sind immer zweiseitig gegeben, sind also Unterscheidungen, bei denen die eine Seite bezeichnet und die andere mitverstanden wird. Im Moralschema kann man etwas als gut oder als schlecht bezeichnen – aber nicht ohne die nicht bezeichnete andere Seite mitzumeinen. Dasselbe gilt für das Schema Norm/Abweichung oder für das Schema Ursache/Wirkung. Wenn von Natur gesprochen wird, ist die andere Seite unter heutigen Bedingungen nicht mehr Gnade, sondern Technik, eventuell Zivilisation. Die Kommunikation mag sich ganz auf die jeweils bezeichnete Seite konzentrieren, aber sie kann das Kreuzen der Grenze, das Oszillieren zwischen beiden Seiten nicht ausschließen. Außerdem schafft jedes Schema, indem es eine Unterscheidung hervorhebt, einen unmarkierten Raum, den man nutzt, wenn man von einem Schema zu einem anderen übergeht, zum Beispiel vom Eigentumsschema zum Moralschema.

Jeder Typ von Schematisierung ermöglicht auf ihn bezogene Ausarbeitungen. So fordern abstrakte Codes wie gut/schlecht oder wahr/unwahr auf sie bezogene Programme, die sagen, unter welchen Bedingungen der positive bzw. negative Wert richtig oder falsch bezeichnet wird; und auch das sind Zwei-Seiten-Schemata. Auch Kausalschemata können durch Attributionsregeln konkretisiert werden – so wenn man sagt, daß Autoabgase den Wäldern oder der Stratosphäre schaden. Der Schemagebrauch hängt nicht davon ab, ob die Annahmen zutreffen oder nicht. Die Kommunikation kann sich nicht die Zeit nehmen, jedem Einsatz eines Schemas eine Wahrheitsprüfung vorzuschalten. Wenn Zweifel auftauchen, werden Ergänzungsschemata angeboten. Dabei kann man auf Theorien, Methoden und Begriffe der Wissenschaft zurückgreifen; aber auch das sind dann, von der Funktion in der Kommunikation her gesehen, Programmschemata eines besonderen Typs. Wir verzichten mit diesen Aussagen auf die Annahme, daß es die Wahrheit oder die Vernunft oder der verständige Konsens ist, was sich letztlich durchsetzt. Auch das wären nur Schemata, bei denen man zu prüfen hätte, was mit denen zu geschehen hat, die sie nicht akzeptieren.[27] Es gibt keine schemafreie Kommunikation. Trotz-

27 Die Antwort der Tradition war hier noch relativ einfach. Georg W. F. Hegel, Verhältnis des Skeptizismus zur Philosophie: Darstellung seiner verschiedenen Modifikationen und Vergleichung des neuesten mit dem alten (1801). Werke in zwanzig Bänden, Bd. 2: Jenaer Schriften (1801-1807), Frankfurt/M. 1970, S. 216,

dem werden die Schemata nicht schematisch gebraucht, weil sie das Kreuzen ihrer inneren und äußeren Grenzen nicht verhindern, sondern gerade freigeben.[28]

In Sonderfallen, die wir »Skript« nennen wollen, legen die Schemata auch die Motive fest oder jedenfalls nahe, über die man Handlungen anschließen oder zum Handeln aufgefordert werden kann, wenn ein Skript aktualisiert wird. Das gilt zum Beispiel für das Schema Not, heute weitgehend auch für das Schema Umweltverschmutzung. Es gilt nur noch sehr begrenzt für das Schema Norm/Abweichung (wenn man zum Beispiel einen Ladendieb beobachtet). Es mag als übertrieben, wenn nicht als lächerlich angesehen werden, wenn man sich als Privater in Angelegenheiten anderer um den Rechtsvollzug kümmert. Die Beispiele zeigen zugleich, daß die Konkretisierungen des Schemagebrauchs und vor allem der Skripts von historischen Bedingungen abhängen und damit auch regional und kulturell variieren.

Daß sowohl die innere als auch die äußere Grenze eines jeden Schemas gekreuzt werden kann (und dies selbst im Falle des Schemas Gott, wie die Lehre vom Fall der Engel bezeugt), belegt zugleich die Zukunftsoffenheit des Gebrauchs der Schemata. Das bringt uns zum Thema Zeit und Gedächtnis zurück. Weder repräsentiert ein Schema die Vergangenheit eines Systems, noch legt es dessen Zukunft fest. Weder geht es um das, was in der Vergangenheit wesentlich war, noch um eine Grobfestlegung der Zukunft mit Offenheit für Details. Ein Beobachter mag es so sehen und die Schemata für Generalisierungen halten, die von Zeit abstrahieren. Fragt man dagegen nach ihrer Funktion im autopoietischen Operationsvollzug der Systeme (und hier: des sozialen Systems), scheinen die Schemata eine Trennung von Vergangenheit und Zukunft zu ermöglichen, und dies von einer Beobachterposition aus, die eben

erwähnt 1801 »die alte Regel ›contra negantes principia non est disputandum‹« [»›mit jemandem, der Prinzipien leugnet, kann man keine Auseinandersetzung führen‹«]. Dann konnte man die Skeptiker vergessen. In praktischen Fragen hat es aber wohl immer auch das Foucault-Schema »surveiller et punir« gegeben.

28 Vgl. dazu, wie bereits zitiert, auch Alba/Hasher, Is Memory Schematic?, a. .a. O. In diesem Text geht es um die Möglichkeiten des Rückgriffs auf nichtschematisierte Inhalte des Gedächtnisses, wobei wir jedoch annehmen, daß nur psychische Systeme Erinnerungen an Wahrnehmungen festhalten können, während das soziale Gedächtnis für alle (kommunikativen) Rückgriffe auf Vergangenes ein Schema als Leitfaden braucht. Deshalb die andere Begründung oben im Text.

dadurch als Gegenwart markiert wird. Die Vergangenheit kann in dem, was sie als Gegenwart war, vergessen werden, sofern nur Schemata abgezogen werden, die für die Folgezeit Redundanzen bereithalten, auf die man sich bei der Verarbeitung neuer Informationen stützen kann. Die Zukunft kann unbekannt bleiben, weil die Schemata sie so weit strukturieren, daß ein schemagebundenes Oszillieren Anhaltspunkte bietet, mit denen man auf Unvorhergesehenes, auf Vorfälle, Zufälle, Einfälle, Unfälle reagieren kann. Wenn geplante Wirkungen nicht eintreten, kann immer noch an den Ursachen gebastelt werden. Zugleich gibt das Schema der Gegenwart genügend Form, so daß man eine oder mehrere Unterscheidungen hat, von denen man ausgehen kann.

V.

Sowohl die Sprache als auch die Schemata, die als soziales Gedächtnis fungieren, lassen beträchtliche Freiheiten, die jeweils aktuelle Gegenwart rekursiv auf den Unterschied von Vergangenheit und Zukunft einzustellen. Diese Freiheiten ermöglichen es zugleich, Bewußtsein und soziale Kommunikation zu dissoziieren und der jeweils eigenen Autopoiesis zu überlassen. Das führt uns zur nächsten Frage: ob es in komplexen Gesellschaften weitere, aber damit kompatible Ordnungen gibt, die genauer festlegen, was erinnert und was vergessen wird. Wir wollen dies an Hand von sechs Beispielen erörtern, nämlich an Hand (1) des Zensurensystems der Schulen, (2) des Kreditsystems der Wirtschaft, (3) des Schemas Werte und Interessen der Politik, (4) der Objekte des Kunstsystems, (5) von Methoden im Wissenschaftssystem und (6) des Schemas »Geltung« bzw. »Gültigkeit« im Rechtssystem. Die Beispiele zeigen zugleich, daß es zu diesen Formen funktionaler Spezifikation von Gedächtnis erst unter der Bedingung funktionaler Ausdifferenzierung kommt,[29] während ältere Gesellschaften sich mit der Voraussetzung begnügen konnten, daß das Gedächtnis eine natür-

29 Was nicht heißen soll, daß sie in allen Fällen erst in der modernen Gesellschaft auftreten. Formen der registrierten Leistungsverzögerung bzw. Kreditierung gab es, wie die Knotenschrift der Inkas oder die Praxis der mesopotamischen Tempel und Handelshäuser belegen, längst vor der Erfindung des gemünzten Geldes und dies hat offenbar diese Erfindung ausgelöst.

liche Eigenschaft der Dinge bzw. Personen sei, die sich an ihren Ursprung oder ihre Herkunft erinnern und darin ihre Natur (oder ihr »Wesen«) finden, wobei Natur als hinreichend eingeschränkt,[30] wenngleich korrumpierbar angesehen wurde.

(1) In der Sicht der Pädagogen ist Erziehung ihre eigentliche Aufgabe, soziale Selektion dagegen eine gesellschaftliche Nebenfunktion, die das Erziehen erschwert, die von den eigentlichen Zielen ablenkt und eine höchst unwillkommene Orientierung an Zensuren und Prüfungen auslöst. Faktisch lassen sich jedoch Erziehung und Selektion gar nicht trennen. Beim Erziehen muß man die Absicht kenntlich machen, das Lernen von richtigem Wissen und nützlichem Können zu fördern. Damit ist ein binärer Schematismus eingebaut, der über die Zeit hinweg konsistent verwaltet sein will. Der Lehrer muß zwischen richtig und falsch, zwischen geschickt und ungeschickt unterscheiden und diese Unterscheidung als Beurteilung kommunizieren. Schon das läuft auf Selektion hinaus, zunächst informal und nur erratbar, dann in der Form von Lob und Tadel, von Zensuren, von Versetzung oder Nichtversetzung im System der Jahrgangsklassen bis zum Bestehen oder Nichtbestehen von Prüfungen.

Erziehung (im Unterschied zu bloßem Unterricht) ist entscheidend abhängig von Gelegenheiten, die sich in Interaktionen mehr oder weniger zufällig ergeben. Sie stützt sich auf Situationen, nutzt deren Evidenz und kann deshalb unaufdringlich und informal operieren. Sie kann, anders als der Unterricht, abgebrochen werden, wenn man sieht, daß man im Moment nicht weiterkommt. Ihr Kontext wird typisch vergessen, und auch eine Zurechnung von Erfolgen oder Mißerfolgen auf pädagogisches Verhalten ist schwer möglich (und wenn, dann wird der Pädagoge Erfolge sich selbst und Mißerfolge dem Zögling zurechnen). Die pädagogische Kompetenz liegt im Erkennen und Nutzen von Gelegenheiten. Sie gibt daher der Gegenwart einen deutlichen Primat. Selektion muß dagegen auf Konsistenz achten, und zwar sowohl zeitlich als auch sozial. Sie kann nicht dasselbe Verhalten, dieselbe Antwort auf Fragen mal für gut, mal für schlecht erklären, auch wenn dies pädagogisch

30 »Sed natura non abundat in superfluis, sicut nec deficit in necessariis«, heißt es zum Beispiel bei Thomas von Aquino, Summa Theologiae I IIae q. 91 art. 2. [»die Natur tut nichts Überflüssiges und läßt es ebensowenig an dem Notwendigen fehlen«]; vgl. Aristoteles, De anima III 9, 432. b. 21-22.

sinnvoll wäre. Sie operiert daher rekursiv mit ständigen Rückgriffen auf Vergangenheit und mit Vorgriffen auf Zukunft. Ihre Kernaussagen liegen im zeitlichen und sozialen Vergleich. Sie muß sich bemühen, bei festgehaltenen Kriterien gerecht zu sein. Für all das braucht sie ein Gedächtnis, das sich frei macht von den Zufällen des psychischen Erlebens der Beteiligten, die ohnehin verschieden urteilen und verschiedene »accounts« produzieren werden. Dazu ist eine schriftliche Fixierung von Urteilen unentbehrlich.[31]

Während in der Familienerziehung die (vermeintliche) Kenntnis der Personen das Verhalten präjudiziert, arbeitet das Schulsystem mit einem objektivierten Gedächtnis und entsprechenden Schematisierungen. Das Einzelurteil, das auf diese Weise bewahrt wird, mag »subjektiv« gefärbt sein und darüber wird viel Klage geführt. Wichtiger aber ist, daß gegebene Zensuren künftige Zensuren nicht präjudizieren, sondern ein Oszillieren im Rahmen von besser oder schlechter offenhalten. Insofern arbeitet der Schematismus des Zensierens und Prüfens mit Formen, in die eine offene Seite eingeschrieben ist. Der Fixierung der Kriterien entspricht ein Offenhalten von Leistungen und Beurteilungen für eine noch unbestimmte Zukunft. Der Zögling erhält sozusagen laufend neuen Kredit – bis er ein Alter erreicht, in dem der soziale Kontext seine Möglichkeiten einschränkt oder auch unabhängig von Schulen und Hochschulen neue Möglichkeiten eröffnet. Das Gedächtnis des Erziehungssystems erleichtert das Vergessen von Erziehungsversuchen. Es wäre zu schmerzlich und entmutigend, daran laufend zu erinnern. Aber es erinnert an Selektionsentscheidungen, und sei es nur, um sichtbar zu machen, daß spätere Leistungen besser oder schlechter ausfallen.

Das operativ unvermeidliche Zusammenwirken von Erziehung und Selektion wird mithin dadurch strukturiert, daß die Selektion gedächtnisabhängig operiert.[32] Das System oszilliert dann auch noch zwischen dem Ausnutzen von Gelegenheiten zur Erziehung und dem Zensieren und Prüfen, bei dem auf pädagogische Effekte keine Rücksicht mehr genommen werden darf. Die Zeit, die für

31 Vgl. hierzu Aaron W. Cicourel/John I. Kitsuse, The Educational Decision Makers: An Advanced Study in Sociology, Indianapolis, Ind. 1963.

32 Hierzu ausführlich Niklas Luhmann, Takt und Zensur im Erziehungssystem, in: Niklas Luhmann/Karl Eberhard Schorr (Hg.), Zwischen System und Umwelt: Fragen an die Pädagogik, Frankfurt/M. 1996, S. 279-294.

Erziehung zur Verfügung steht, wird auf diese Weise schematisiert und zugleich den Möglichkeiten überlassen, die sich von Zeitpunkt zu Zeitpunkt neu ergeben.

(2) Auch die Wirtschaft braucht ein Gedächtnis, das zwischen Vergessen und Erinnern diskriminieren kann,[33] und Vorrang hat auch hier das Vergessen. Gerade das Medium der Wirtschaft, das Geld, muß bei jeder Verwendung wieder frei gemacht werden für neue Imprägnierungen, neue quantitative Aggregationen, neue Zahlungsbedingungen, neue Verwendungsmotive. Für was gezahlt worden ist, zu welchen Preisen und zu welchen Bedingungen, spielt bei der nächsten Zahlung schon keine Rolle mehr. Erinnerungen daran mögen in privaten Köpfen hängenbleiben (Ich habe mein Haus verkauft, jetzt kann ich Urlaub machen), aber sie binden nicht die Verwendungsmöglichkeiten des eingegangenen Geldes; und dies schon deshalb nicht, weil die Bereitschaft, Geldzahlungen anzunehmen, nicht von entsprechenden Kenntnissen abhängig gemacht werden kann. Die Wirtschaft benötigt ein Gedächtnis deshalb ausschließlich im Zusammenhang mit Kredit.

Die Funktion von Krediten (im weitesten Sinne) liegt in der Überbrückung von Zeitdifferenzen zwischen den Zahlungsvorgängen und den Bedürfnisbefriedigungen. Es würde die Vorteile der Geldwirtschaft praktisch aufheben, müßte man das Geld immer dann und nur dann ausgeben, wenn man genug beisammen hat, um ein bestimmtes Bedürfnis zu befriedigen – nicht vorher und nicht nachher. Man kann sich Geld leihen, um es genau dann für Konsum oder Investition auszugeben, wenn dies bei gegebenen Umweltumständen sinnvoll ist. Ebensowenig ist es aber sinnvoll, das Geld immer dann, wenn es eingeht, sofort auszugeben, es zum Beispiel am Freitag nach der Lohnzahlung zu vertrinken. Anders gesagt: selbstreferentielle und fremdreferentielle Aspekte des Wirtschaftssystems folgen nicht dem gleichen Zeitrhythmus. Der hier sinnvolle Zeitausgleich ist heute Sache der Banken, die darin ihr Geschäft sehen. Sie handeln mit Zahlungsversprechen.[34] Das macht es erforderlich, den jeweiligen Status von Forderungen

33 Hierzu Dirk Baecker, Das Gedächtnis der Wirtschaft, in: Dirk Baecker/Jürgen Markowitz/Rudolf Stichweh et al. (Hg.), Theorie als Passion. Niklas Luhmann zum 60. Geburtstag, Frankfurt/M. 1987, S. 519-546.

34 Hierzu Dirk Baecker, Womit handeln Banken? Eine Studie zur Risikoverarbeitung in Banken, Frankfurt/M. 1991.

und Schulden abrufbar präsent zu halten. Nur in einfachsten Fällen genügt es, im Portemonnaie einfach nachzusehen, ob noch genug Geld da ist, wobei dann Münzen und Scheine an Gedächtnis Statt fungieren.

Schon mit der Erfindung der Doppelten Buchführung war eine hochartifizielle Institutionalisierung des Gedächtnisses verbunden gewesen – aus welchen historischen Motiven auch immer. Der Kaufmann oder Unternehmer spaltet seine eigene Person und behandelt sich so, als ob er sich selbst für die Durchführung seiner Geschäfte Kredit gewährt. Auch komplexere Formen der Kontenführung und der Bilanzierung beruhen auf diesem Prinzip. Gerade weil das Geld für hohe Beliebigkeit der Verwendung freigegeben ist und Geldwirtschaft nur unter dieser Bedingung Erfolg verspricht, braucht das System Einrichtungen, mit denen es sich an die Knappheit des Geldes und der Güter erinnert. Das an Kredite gebundene Gedächtnis dient der Wiedereinführung von Strenge in den Umgang mit Geld, der Rigidisierung der wirtschaftlichen Kalkulation, in der dann nicht nur die Gegenwart der Mittel und der Bedürfnisse zählt, sondern vor allem das, was als Vergangenheit und als Zukunft, als memory function und als oscillator function die Einbeziehung weiter ausgreifender Zeithorizonte in die jeweils gegenwärtig zu treffenden Zahlungsentscheidungen ermöglicht.

Aktuelle Tendenzen der Betriebsführung zielen hier auf eine Verbesserung und Dynamisierung des Rechnungswesens mit Hilfe elektronischer Datenverarbeitung, vor allem auf eine prompte und detaillierte Beobachtung der Kostenstellen im Interesse eines rechtzeitigen Erkennens von Fehlentwicklungen. Die finanziellen Belastungen sollten möglichst unmittelbar an den Geschäftsvorfällen erfaßt und zentral beobachtet werden. Auch insofern ist das Systemgedächtnis eine mitwirkende Funktion aller Operationen und zugleich eine möglichst rasch wirksame Integration von Vergangenheit und Zukunft.

Damit ist keineswegs gesagt, daß die Wirtschaft sich nur an Zahlungsversprechen erinnert und daß ein Blick in die Geschäftsbücher genügt, um rationale Entscheidungen zu treffen. Das Kreditwesen und die entsprechende Registrierung von Einnahmen und Ausgaben sind nur das Grundschema, das reguliert, welche sonstigen Gedächtnisleistungen individueller oder sozialer Art relevant sein können. Wie schon einmal gesagt: bei aller Abhängigkeit von Schematisierungen wirkt das Gedächtnis nicht schematisch. Es kann durchaus sein, daß gute oder schlechte Erfahrungen mit Geschäftspartnern eine Rolle spielen oder daß man wissen muß, wieviel Zeit zwischen der Planung und der Produktionsreife eines neuen Produktes vergehen wird. Auch Banken müssen sich heute schmerzlich daran erinnern, daß es in der Wirtschaft keine unsinkbaren Schiffe gibt, weder in der Form von Staaten noch in der Form mächtiger Großkonzerne. Der Punkt ist jedoch, daß dies alles nur relevant wird, wenn es zurückgespiegelt wird in das Kreditsystem, dessen Gedächtnis darüber entscheidet, ob und welche weiteren Vergangenheiten überhaupt aufgerufen werden, wenn es um kritische Entscheidungen geht.

(3) Im politischen System finden wir ganz ähnliche Verhältnisse. Da die Funktion von Politik im Garantieren der Möglichkeiten kollektiv bindender Entscheidungen liegt (und man muß hinzufügen: besonders für den Fall, daß sie nicht voll durch Konsens gedeckt sind), kooperiert das Gedächtnis hier stärker mit dem öffentlich sichtbaren Entscheidungsprozeß. Vergessen wird tendenziell die gesamte Tätigkeit des Vermeidens von Entscheidungen,[35] aber auch all das, was an Alternativen im Raum stand und übersehen oder übergangen wurde. Dokumentiert und erinnert wird, was durch die Entscheidung in Kraft gesetzt wurde und bis auf weiteres zu beachten ist.

Je deutlicher hervortritt, daß es sich (nur!) um Entscheidungen handelt, desto stärker wächst auch ein Bedürfnis, dies normale Vergessen zu verhindern und die Entscheidungen als Entscheidungen unter Einschluß der abgelehnten Möglichkeiten zu erinnern. Dies Desinhibieren des Inhibierens erfolgt durch Orientierung an Werten und an Interessen.[36] *Thematisch* geht es dabei um Legitimation von Interessen durch Beziehung auf Werte. *Funktional* geht

35 Siehe den bekannten Aufsatz von Peter Bachrach/Morton S. Baratz, Two Faces of Power, The American Political Science Review 56 (1962), S. 947-952. Die Autoren machen auf die Machtaspekte bei non-decisions aufmerksam. Wäre dies der entscheidende Gesichtspunkt, würde der Einsatz von Macht zur Verhinderung von Thematisierungen und Entscheidungen das Erinnern wachhalten. Das Vergessen wirkt dagegen leise, unbemerkt und keineswegs immer dirigiert durch Interessen.

36 Siehe ausführlich Niklas Luhmann, Das Gedächtnis der Politik, Zeitschrift für Politik 42 (1995), S. 109-121.

es jedoch darum, zurückgestellte Interessen im Gedächtnis zu behalten und das Wiederanmelden ihrer Desiderate zu erleichtern. Werte sind so reichlich vorhanden, daß sie den Entscheidungsprozeß nicht steuern können. Entscheidungen sind gerade dann nötig, wenn Wertbeziehungen in Konflikt geraten und anerkannte Interessen nicht befriedigt werden können. In den Entscheidungsprozeß werden deshalb Zeitperspektiven eingebaut. Das Unberücksichtigtbleiben von Interessen bedeutet nicht Entwertung oder Delegitimation; es kann, im Gegenteil, politisch[37] als Steigerung der Anspruchsberechtigung der Schlechtweggekommenen in der nächsten Runde aufgefaßt und vorgetragen werden.

(4) Ein weiteres Beispiel entnehmen wir einem eher entlegenen Bereich: dem Kunstsystem. Auch die Kunst braucht – als System! – ein Gedächtnis. Sie erinnert sich an sich selbst mit Hilfe der Kunstwerke, die sie produziert hat. Auch diese Gedächtnisarbeit ist jedoch hochselektiv. Wenn Objekte (Bildwerke, Schriftwerke, Musiknotationen) die Zeit überdauern, wird viel historischer Kontext nicht mittransportiert.[38] Vor allem erinnert das Kunstwerk schon in der Antike an den (nicht mehr anonymen) Künstler und verbreitet seinen Ruhm. Seit der frühen Neuzeit werden, um das sicherzustellen, Kunstwerke signiert und Bücher mit Verfasserangaben versehen. Der Kunstgenuß selbst wird dabei vergessen oder versickert in den Bewußtseinssystemen, die sich selbst aber nicht genau erinnern können, wie es war, als sie zum ersten Mal eine Graphik von Herkules Seghers sahen.

In der zweiten Hälfte des 18. Jahrhunderts scheinen sich im Zusammenhang mit der Ausdifferenzierung und Autonomisierung des Kunstsystems neue Anforderungen an das Gedächtnis ergeben

37 Zu betonen ist: *politisch*. Juristisch ist es sehr viel schwieriger, aus der Ablehnung von Ansprüchen auf Steigerung ihrer Berechtigung zu schließen. Diese Diskrepanz läßt die übermäßige Juridifizierung der Wertediskussion in Deutschland in bedenklichem Licht erscheinen. Das Recht erinnert zu viel und muß sich deshalb mit diskriminierenden Prozeßchancen helfen. Es vergißt den, der nicht geklagt hatte.

38 Zum Beispiel das, *wogegen* ein Kunstwerk aufgetreten war: das geringere Können der Vorgängerkunst oder auch die verlorene Perfektion (Renaissance) oder, in der Neuzeit, andere Stilpräferenzen oder auch politisch-ideologische Bindungen, die man vorfindet. Zu letzterem Beispiele in Henk de Berg/Matthias Prangel (Hg.), Kommunikation als Differenz: Systemtheoretische Ansätze in der Literatur- und Kunstwissenschaft, Opladen 1993.

zu haben. Es muß jetzt mehr leisten, um den neuen Überschuß an Möglichkeiten und das Gebot der künstlerischen Innovation und Originalität in Form zu bringen. Kunstsammlungen werden zu Museen umfunktioniert. Die Geschichte des Systems wird als Stilgeschichte neu kategorisiert. Die Vorgängerkunst wird erinnert als Beweis dafür, daß es so nicht mehr geht – bei aller Bewunderung, die ihr geschuldet ist. Die jeweils aktuelle Kunst kann aber nicht »irgendwie« anders sein. Sie muß Gedächtnis zeigen – zum Beispiel durch gezielte Ausweitung bisher geltender Schranken (von figuraler zu abstrakter Malerei), durch Mitdarstellung von »Intertextualität«, durch Zitate, durch ironisches oder parodistisches Wiederholen.[39] Altes und Neues müssen zusammengebracht werden, damit Neues als neu erscheinen kann. Jede kunstbezogene Operation und erst recht jede stilistische Neuorientierung steht jetzt unter dem Gebot einer »redescription« dessen, was vorliegt.[40] Was vorliegt, muß, weil es unveränderlich ist, umgeschrieben und in neuer Weise beobachtet werden. Das Diskriminieren von Vergessen und Erinnern orientiert sich jeweils neu an dem, was notwendig ist, um Neues ins System einzuführen. Zugleich dient die Auffälligkeit des Neuen dem Gedächtnis des Systems dazu, etwas als bemerkenswert zu erinnern. Gedächtnis, und nicht Genialität, ist die entscheidende generative Struktur des Kunstsystems.

Kunstdinge können eine Gedächtnisfunktion übernehmen, weil Naturdinge ihr Gedächtnis verloren haben, weil sie nicht mehr an ihren Ursprung in der Natur oder in der wohlbedachten Schöpfung erinnern. Kunstdinge, die sich dem »design« verdanken, lassen dagegen erkennen, aus welcher Zeit sie stammen und welchen Formpräferenzen sie ihr Aussehen verdanken; und das gilt auch für Gebrauchsgegenstände aller Art, soweit bei ihrer Herstellung aufs design geachtet wird – von Automobilen bis zu Mokkatäßchen, von Haartrocknern bis zu Radioapparaten.[41]

39 Vgl. Renate Lachmann, Gedächtnis und Literatur: Intertextualität in der russischen Moderne, Frankfurt/M. 1990.

40 So für den Bereich der concept art Michael Baldwin/Charles Harrison/Mel Ramsden, On Conceptual Art and Painting, and Speaking and Seeing: Three Corrected Transcripts, Art-Language N. S. 1 (1994), S. 30-69.

41 Vgl. Cordula Meier, Das Gedächtnis der Dinge: Zum komplexen Verhältnis von Design und Erinnerung, in: Hermann Sturm (Hg.), gestalten gebrauchen erinnern: Zur Gestalt des gewöhnlichen Gegenstands, Essen 1994, S. 122-135.

(5) Auch in der Wissenschaft bildet sich Gedächtnis mit Sicherheit hochselektiv.[42] Natürlich sind Publikationen das entscheidende Fixiermittel. Aber da zu viel publiziert wird, muß man sich nach engeren Kriterien umsehen. Sofern die Forschung mit ständig wechselnden Themen projektförmig abläuft, darf man vermuten, daß das Systemgedächtnis wiederverwendbare Methoden bevorzugt und Langfristarbeit an komplexen Theoriearchitekturen eher benachteiligt – oder nur über Namen erinnert und eventuell in der Form von Klassikern honoriert. Das würde den ausgeprägt methodologischen Trend der Soziologie des 20. Jahrhunderts erklären mit der offen zutage liegenden Unfähigkeit, für Parsons einen Nachfolger zu finden oder zu einer Gesellschaftstheorie zu kommen. Wenn diese Annahme zutrifft, müßte man jedoch Disziplin nach Disziplin untersuchen, um ein Bild darüber zu gewinnen, zu welchen Effekten dies selektive Vergessen/Erinnern in den einzelnen Forschungsbereichen führt.

(6) Auch das Rechtssystem, unser letztes Beispiel, hat ein Gedächtnis. Es wird in der Form von Rechtsgeltung fixiert.[43] Ein Gesetz, ein Richterspruch, ein Vertrag, ein Testament gilt, wenn die darin fixierten Normen rechtsgültig zustande gekommen sind. Man kann im weiteren dann vom Resultat dieses Zustandebringens ausgehen, ohne im einzelnen zu eruieren, welche Entscheidungen und welche Argumente dazu geführt haben. In begrenztem Umfange läßt das Rechtssystem selbst Anfechtungen zu (Verfassungsmäßigkeitsprüfung von Gesetzen, Wiederaufnahme von rechtskräftig abgeschlossenen Gerichtsverfahren, Anfechtung von Verträgen). Auch kann durch Interpretation das in gewissem Umfange modifiziert werden, was dem ursprünglichen Verfahren als Intention zugrunde lag. Aber der Ausnahmecharakter solcher Rückgriffe und deren Bindung an Texte, deren Geltung zunächst unterstellt werden muß, zeigt mit aller Deutlichkeit die unentbehrliche Funktion des Gedächtnisses, Vergessen und Erinnern zu diskriminieren. Im übrigen hat das Rechtssystem die unangenehme Funktion, andere Systeme an etwas zu erinnern, was sie lieber vergessen würden. Auch deshalb ist Vorsicht und Zurückhaltung (judicial selfrestraint) angebracht, weil anderenfalls die Gedächtnisfunktionen anderer Systeme sabotiert werden würden.

42 Vgl. nur Douglas, How Institutions Think, a. a. O., S. 81 ff.

43 Siehe Niklas Luhmann, Das Recht der Gesellschaft, Frankfurt/M. 1993, S. 98 ff.

VI.

Bei allen Verschiedenheiten, die die einzelnen Funktionssysteme nach Funktion und Operationsweise auszeichnen, scheint es Vergleichbarkeiten zu geben. Das könnte breiter ausgeführt werden. In dem von uns aufgegriffenen Themensegment läßt sich zeigen, daß der jeweils gegenwärtige, aber rekursive Umgang mit Zeit ein Gedächtnis erfordert, das an allen Operationen des Systems mitwirkt und sich gleichsam ständig neu auflädt, um in jeweils neuen Situationen Vergessen und Erinnern diskriminieren zu können. Wenn das an sehr verschiedenen Systemen überzeugend nachgewiesen werden kann, liegt darin, methodologisch gesehen, ein starkes Argument für eine allgemeine Theorie.
Diese Theorie könnte folgende Thesen zusammenschließen:

(1) Soziale Systeme verfügen über ein eigenes Gedächtnis, das von jeder Kommunikation in Anspruch genommen und fortgeschrieben wird. Es geht, wie auch im Falle des Nervensystems oder des Bewußtseins, nicht nur um einen okkasionellen (wie immer motivierten) Zugriff auf Daten, die im Zugriff mit dem Index »vergangen« versehen werden.

(2) Allein deshalb schon, weil es sich um einen laufend mitwirkenden Aspekt aller Systemoperationen handelt, kann soziales Gedächtnis nicht als psychisches Gedächtnis begriffen werden. Ein soziales System hat weder die Möglichkeit, noch kann es sich die Zeit nehmen, bei jeder Kommunikation mit Hilfe von Kommunikationen zu ermitteln, was die Beteiligten erinnern bzw. vergessen haben. Es würde im übrigen mit solchen Rückfragen, die in Einzelfällen durchaus möglich sind, das produzieren, was es feststellen will.

(3) Gedächtnis wird benötigt, wenn das System sich veranlaßt sieht, zwischen Vergangenheit und Zukunft zu unterscheiden; wenn es, mit anderen Worten, nicht in einer voll und ganz statischen Welt operiert. Man kann auch sagen: wenn die Operationen zeitlich als Gegenwart erfahren werden und sich dadurch das Problem eines rekursiven Ausgriffes auf Vergangenes und Zukünftiges stellt. Das Gedächtnis leistet dann einen Wiedereintritt der Zeit in die Zeit. In der Gegenwart muß die Zeit, die schon vorausgesetzt ist, nochmals thematisiert werden, um dem

Auseinanderfallen von Vergangenheit und Zukunft entgegenzuwirken. Die Unabänderlichkeit der Vergangenheit und das Unbekanntsein der Zukunft können nicht einfach hingenommen werden. Wenn die Zeitlichkeit des Operierens als Gegenwart erfahren wird, liegt darin zugleich die (flüchtige) Chance eines Brückenschlags, der die Zeitverhältnisse für den Augenblick aktualisiert. Dabei muß aber immer vorausgesetzt werden, daß die Vergangenheit nicht durch Eingriffe geändert werden kann und daß die Zukunft anders ausfallen kann, als man hofft oder erwartet.

(4) Diese Funktion der Wiedereinführung von Zeit in die Zeit macht das Gedächtnis psychischer und sozialer Systeme empfindlich für gesellschaftsstrukturelle Veränderungen, die die Differenz zwischen vergangenen und zukünftigen Zuständen des Gesellschaftssystems vergrößern und Rückschlüsse von Vergangenem auf Künftiges erschweren. Das erklärt historische Verschiebungen in den Anforderungen an das soziale Gedächtnis, Verschiebungen vor allem in Richtung auf höhere Komplexität, Differenzierung und Unabhängigkeit von psychischen Gedächtnisleistungen. Um den mit der Neuzeit zunehmenden Diskrepanzen zwischen Vergangenheit und Zukunft abzuhelfen, hat man zum Beispiel die Statistik erfunden – mit begrenztem Erfolg. Eine andere Möglichkeit ist, Funktionssysteme mit eigenen Zeithorizonten und jeweils eigenem Spezialgedächtnis auszustatten und insoweit auf gesellschaftliche Koordination zu verzichten. Auch entwickelt die moderne Gesellschaft zahlreiche Techniken, das Unbekanntsein der Zukunft als Ressource zu benutzen,[44] etwa durch Verlagerung unlösbarer Probleme in die Zukunft (Stichwort »Wachstum«) oder ganz allgemein dadurch, daß Strukturen durch (änderbare) Entscheidungen fixiert werden. Auch hier liegt auf der Hand, daß solche Umdispositionen in den Temporalstrukturen der Gesellschaft weder psychologisch erklärt noch durch Bewußtseinsprozesse kontrolliert werden können.

44 Speziell hierzu George L. S. Shackle, Imagination and the Nature of Choice, Edinburgh 1979.

VII.

Auch wenn es seine Absicht gewesen wäre: Kant ist es nicht gelungen, das Problem der Außenwelt sich ganz vom Halse zu schaffen. Wenn so viel Problemlösung der Subjektität des Subjekts zugeschoben war, formierte sich im Schatten der Theorie das Problem der Intersubjektivität. Vor allem aber konnte die Außenwelt nicht schlicht entropisch, nicht ohne eigene, subjektunabhängige Differenzen angenommen werden. Nicht nur die Mehrheit von Subjekten, sondern auch die Mehrheit von Dingen an sich wurde zum Problem. Deren »Mannigfaltigkeit« mußte vorausgesetzt werden. So hat »die transzendentale Logik ein Mannigfaltiges der Sinnlichkeit a priori vor sich liegen«. Es gehört zu den »Bedingungen der Rezeptivität unseres Gehirns«.[45]

Bei der Suche nach einer Lösung dieses Problems (ohne die kein Subjekt in der Welt zurechtkäme) stößt man auf eines der schwierigsten Stücke in der Kritik der reinen Vernunft, nämlich den Text über den »Schematismus der reinen Verstandesbegriffe« (B 176 ff.). Man findet hier die Voraussetzung, daß Mannigfaltiges nur in der Zeit erscheinen kann. Zeit ist als »formale Bedingung des Mannigfaltigen des inneren Sinnes, mithin der Verknüpfung aller Vorstellungen« vorausgesetzt. Sie ist allgemein und a priori gegeben, zugleich aber auch »in jeder empirischen Vorstellung des Mannigfaltigen enthalten«. Auf dieser funktionalen (nämlich für die Lösung des Problems der Synthesis funktionalen) Prädominanz der Zeitdimension beruht die Annahme, daß das theoretische Problem in einer Rekonstruktion des *Verfahrens* oder der *Methode* liegt, mit der der Verstand die Synthesis von Mannigfaltigem zustande bringt. Der Verstand selbst braucht dafür Zeit. Ihm ist ein Kreis zum Beispiel nur zugänglich, indem er ihn zieht (also nicht nur, wie in der Anschauung, als ein immer ungenaues Bild). Dieses Verfahren nennt Kant »Schematismus«.

Die Schemata, die im Verfahren des Schematismus angewandt und gegebenenfalls modifiziert werden, sind ihrerseits keine Bilder, sondern reine Produkte der Einbildungskraft – fast könnte man also sagen: Produkte des Schematismus. Sie werden in ihrer Verwendung durch Abstraktion gewonnen und reproduziert, später

45 Kritik der reinen Vernunft, B 102.

würde man vielleicht sagen: errechnet oder durch Energieaufwand erarbeitet. Der Verstand muß in der Errechnung von Synthesen Zeit aufwenden, weil ihm der innere Sinn die Mannigfaltigkeit der Erscheinungen in zeitlicher Distinktheit vorspielt. Insofern ist Handeln Bedingung des Erkennens (und nicht umgekehrt), und Bewußtsein arbeitet immer retrospektiv.

Auf irgendwie noch rätselhafte Weise dient Zeit der Vermittlung völlig heterogener Sachverhalte, sofern nur diese sich der Bedingung fügen, Ereignisreihen zu sein. Sychronizität wäre danach diejenige Form, mit der alle Verschiedenheit überwunden werden und alles, was vorkommt, sich vergewissern kann, in der Welt vorzukommen (ohne dazu auf Gemeinsamkeit der Sinngehalte, auf »shared meanings«, angewiesen zu sein). Mit diesen Formulierungen haben wir bereits mit einer »redescription«[46] des kantischen Textes begonnen. Statt die Leitfrage, wie im Verhältnis von Erkenntnis und Gegenstand »Gleichartigkeit« bei radikaler Verschiedenheit der empirischen und der transzendentalen Sphäre sicherzustellen sei, weiter zu verfolgen, fragen wir aber, wie es einem Beobachter überhaupt möglich ist, im Verlauf seines zeitabhängigen Operierens Identisches festzuhalten, obwohl die Situationen ständig wechseln. Um *das* zu erklären, braucht man eine Theorie des Gedächtnisses. Wie der Ordnung schaffende »Dämon« Maxwells muß ein Beobachter erinnern können, wie er die Phänomene sortiert hatte, um daran anschließen oder davon abweichen, also lernen zu können. Insofern ist es kein Zufall, wenn bei Piaget und bei Bartlett und im folgenden dann mehr oder weniger unbedacht der Begriff des Schemas mit der Theorie des Gedächtnisses verknüpft wird. Auch das transzendentale Subjekt braucht nicht nur Verfahren oder Methode, sondern, vor allem für den Umgang damit, Gedächtnis.

Verzichtet man darauf, die Frage nach Letztbegründungen zu stellen und im Duktus der transzendentalen Theorie nach einer Antwort zu suchen, wird die Frage nach der Operationsweise des Gedächtnisses akut, oder genauer: die Frage nach der Beteiligung des Gedächtnisses an den Operationen der Systeme. Dann öffnet

46 Im Sinne von Mary Hesse, Models and Analogies in Science, Notre Dame, Ind. 1966, S. 157 ff. Für Hesse ist theoretische Erklärung schlechthin »metaphorical redescription«. Das müßte dann auch auf die Umschreibung oder Neukategorisierung bereits vorliegender Theorien zutreffen.

man den Blick für die Frage, um welche Systeme es geht, und man ist nicht länger genötigt, alle Gedächtnisleistungen nur einem Systemtypus zuzuschreiben: dem Bewußtsein.

Die Kontrolle von Intransparenz

I.

In klassischen Theorien der Erkenntnis hatte ein Beobachter selbst für Erkenntnis zu sorgen. Er mochte sich einer hochkomplexen, teilweise intransparenten Welt gegenübersehen. Für ihn konnte es religiöse Gründe geben, die seiner Neugier Grenzen zogen. So dachte man noch im 17. Jahrhundert. Gleichzeitig kamen Techniken der mathematischen Idealisierung auf, die sich selbst die Lösbarkeit ihrer Aufgaben garantierten und allenfalls das Problem übrigließen, daß die wirkliche Welt abwich von dem, was die Mathematik oder die idealtypischen Konstruktionen vorsahen. So handeln wirkliche Menschen nicht nach den Grundsätzen, die Theorien des rational choice ihnen unterstellen, und die tatsächliche Entwicklung der Wirtschaft folgt nicht unbedingt den Gleichungssystemen der neoklassischen Lehre. Diese Provokation, diese Selbstirritation der Beobachter durch abweichendes Verhalten der Wirklichkeit konnte aber in die Theorie zurückgebracht werden und als Anregung zu einer ständigen Verbesserung der Theorien und Instrumente aufgefaßt werden. Die Erfindung der elektronischen Kalkulationsmaschinen hat diese Erkenntnistechnik nochmals enorm verbessert. Sie hat es vor allem ermöglicht, Zeitabläufe zu simulieren; und sie hat in der daraus entstandenen Theorie dynamischer Systeme dazu geführt, daß der Forscher sich schon durch seine eigenen Modelle selbst überraschen kann. Schon in der Simulation verhalten die Systeme sich auf eine Weise, die der Konstrukteur dieser Modelle nicht voraussehen kann. Die Unprognostizierbarkeit wird sozusagen eingerechnet. Und dann kann es natürlich nicht mehr überraschen, daß auch die realen Systeme sich unvorhersehbar verhalten. Modellrechnung und Realität konvergieren nun, so scheint es, in der Prognose der Unprognostizierbarkeit.

Man kann vermuten, daß diese Symphonie der Intransparenz am Ende des 20. Jahrhunderts einer verbreiteten Stimmungslage entgegenkommt. Man denke an die Schwierigkeiten einer Entwicklungspolitik in Richtung »Modernisierung«, wie sie nach dem Zweiten Weltkrieg konzipiert war. Man denke an die Einflüsse der weltweiten, auf Prognose von Prognosen gegründeten Finanzspekulation auf alle wichtigen Parameter der Wirtschaft und damit auch auf die Politik. Man denke an den Rückzug der therapeutischen Profession auf konstruktivistische Konzepte und Weisungen, die wie Sonden in ein unbekanntes Terrain eingeführt werden mit der Erwartung, daß man nachher besser sieht, weshalb es nicht funktioniert hat. Man denke an die wenig ermutigenden Erfahrungen mit Reformpolitik, zum Beispiel im Bereich der Erziehung. Die Beispiele ließen sich leicht vermehren. Die Frage ist, in welcher Weise wir unsere kognitiven Instrumente und besonders die Erkenntnistheorien darauf einstellen können.

Wir sehen, wie die öffentliche Meinung darauf reagiert: mit Ethik und mit Skandalen. Das ist sicher ein gut äquilibriertes Dual, das den Bedürfnissen der Massenmedien entgegenkommt, im übrigen aber wenig Hilfe verspricht. Religiöse Fundamentalisten mögen ihre eigenen Unterscheidungen setzen. Was einst das zu verehrende, Grenzen setzende Geheimnis Gottes war, wird dabei mehr und mehr durch Polemik abgelöst: Man weiß, wogegen man ist, und das genügt. Verglichen damit hat das wissenschaftsspezifische Schema von Idealisierung und Abweichung viel für sich. Es fällt aber auf, daß auch dies eine Unterscheidung ist wie die von Ethik und Skandal oder die von lokal und global oder von Rechtgläubigen und Gegnern. Mit etwas mehr Distanz kann man deshalb fragen: weshalb wird die eine und nicht die andere Unterscheidung bevorzugt? Wenn es denn ohne Unterscheidungen nicht geht, weil ohne Unterscheidungen überhaupt nichts beobachtet werden kann: was spricht für die Wahl einer bestimmten Unterscheidung?

Eine heute bereits klassische moderne Theorie, bekannt unter Namen wie Francis Bacon oder Giambattista Vico, hatte mit der Unterscheidung von Erkennen und Handeln gearbeitet und behauptet, daß der Mensch nur erkennen könne, was er selbst herstellen könne.[1] Die Welt selbst mochte dann intransparent sein und bleiben, aber in seiner Sphäre gebe es für den Menschen Hoffnung, seine Verhältnisse zu verbessern und, als Bedingungen dafür, gleichsam im Nebeneffekt, auch Weltkenntnisse zu erwerben. Da die Welt selbst durch Gott geschaffen ist, ist in der Schöpfung dem Geschöpf Mensch die Möglichkeit gegeben, in seinen Grenzen die

1 Genau umgekehrt heute G. L. S. Shackle, Imagination and the Nature of Choice, Edinburgh 1979, S. 134: »If history is made by men, it cannot be foreknown.«

Schöpfung nachzuvollziehen, Regelmäßigkeiten zu erkennen und zu nutzen und eigene Gärten anzulegen; und dies nicht nur im Bereich der Artefakte, sondern seit Vico auch im Bereich der Symbole. Die Herstellung von immer mehr Herstellungswissen ist nicht mehr unerlaubte Neugier (curiositas), sondern zugleich Bewunderung der Schöpfung und Verehrung Gottes. Doch dieser Verweis auf den Superagenten Gott ist nur eine Begründung. Sie mochte Theologen zufriedenstellen und von Interventionen abhalten; aber sie verrät nichts über die Struktur dieser Theorie, nichts über den Sinn ihres »nur so«, nichts über den Vorteil dieses Umwegs über das Herstellen zum Erkennen.

Es könnte weiterführen, wenn man die Kausalbegriffe Ursache/Wirkung durch den abstrakteren Begriff der *Konditionierung* ersetzt. Dabei bleibt die erkenntnisbringende *Differenz* in anderer Form erhalten. Das Bedingende und das Bedingte sind zu unterscheiden. Die Beziehung ist asymmetrisch zu denken, erfordert also, wie man heute sagen würde, einen Symmetriebruch. Das schließt nicht aus, wenn man Zeit voraussetzen darf, daß das Bedingte seinerseits als Bedingung weiterer Konditionierungen dient. Solche Sequenzen können jedoch, wenn man von der Nichtidentität des Bedingenden und des Bedingten auszugehen hat, nicht als Wiederholung verstanden werden. Eher vermittelt die Evolutionstheorie ein zutreffendes Bild eines daraus resultierenden Aufbaus von Ordnung.

Am schärfsten hatte Kant dieser inneren Differenz der Konditionierung Ausdruck gegeben. Die Bedingungen der Möglichkeit empirischer Erkenntnis können, so Kant, nicht dieser Erkenntnis selbst entnommen werden. Sie sind nicht empirischer, sondern transzendentaler Natur. Man habe das Reich der Kausalität und das Reich der durch Vernunft kontrollierten Freiheit zu unterscheiden.[2] Es geht um den Sieg der Freiheit über die Schwerkraft oder, wie man heute vielleicht sagen würde (das Problem aus dem Raum in die Zeit verschiebend), über die Entropie.

Eine so scharfe Trennung, die die transzendentale Theorie zugrunde legt und die die Rede von »Bedingungen der Möglichkeit« trägt, macht es unmöglich, sich ein Kreuzen der Grenze zwischen

2 Hier sieht man im übrigen besonders deutlich, daß die Frage nach Konditionierungen Kausalbegriffe hinter sich läßt.

transzendental und empirisch vorzustellen. Dies Problem entsteht jedoch nur, wenn man den Konditionierungen die Funktion der Begründung zumutet, denn nur dann muß man zirkuläre Strukturen vermeiden. So wird das Problem der Einheit von empirisch *und* transzendental in das »Subjekt« und die Tatsache seines Bewußtseins verschoben und rumort dort in gespenstischer Weise, ohne den Weg hinaus zu finden.

Das weitere Schicksal der transzendentalen Theorie muß uns hier nicht interessieren. Mit der Kybernetik beginnt eine neue Phase des Nachdenkens über Konditionierungen. Die erste Neuerung war die Wiederentdeckung des Zirkels als einer zugleich natürlichen und technischen Form. Die Rückkopplungsschleife war zunächst als *Struktur* gedacht, aber *zeitlich* auf eine *Sequenz* von Operationen und auf *Wiederholung* eingestellt sowie, was Umwelt betrifft, auf *unvorhersehbare* Veränderungen. So konnte man erklären, daß und wie ein System sich ohne »requisite variety« in einer übermäßig komplexen und für das System intransparenten Umwelt halten kann. Aber: halten an was, nachdem die Welt ihre alte haltgebende Funktion (im Sinne des griechischen periechon) verloren hatte? Können wir jetzt sagen: Halt finden an der *Differenz*?

Für diese kybernetische Theorie wurde auch der Begriff der Konditionierung wiederentdeckt.[3] Durch die Art seiner Konditionierungen (und man muß hinzufügen: durch Konditionierungen von Konditionierungen, durch Inhibierungen und Desinhibierungen) unterscheidet sich ein System von seiner Umwelt. Das setzt nicht mehr voraus, daß es irgendwo in der Welt oder außerhalb der Welt etwas Unbedingtes geben müsse – einen Gott oder ein Ich. Man sieht auch schon, wie auf diese Weise Zeit genutzt wird und gleichsam das ersetzt, was vordem als Unbedingtes, als Ursprung, als Letztbegründung fungieren mußte. Konditionierungen wirken nicht immer, sondern nur, wenn und solange weitere Konditionierungen eingreifen, die sie einschalten oder abschalten. So kann ein System auf geordnete, selbstorganisierte Weise auf Unvorhersehbares reagieren. Es produziert »order from noise«.[4] Bei all diesen

3 Vgl. W. Ross Ashby, Principles of the Self-Organizing System, in: Heinz von Foerster/George W. Zopf (Hg.), Principles of Self-Organization, New York 1962, S. 255-278; neu gedruckt in Walter Buckley (Hg.), Modern Systems Research for the Behavioral Scientist: A Sourcebook, Chicago 1968, S. 108-118.

4 So Heinz von Foerster, On Self-Organizing Systems and Their Environments, in:

Überlegungen bleibt jedoch Intransparenz eine Eigenschaft der Umwelt, der sich das System widersetzen kann, indem es der Umwelt Information abgewinnt und lernt, damit umzugehen.

Die These, ein System erhalte sich *durch* eine Differenz (und nicht nur *trotz* einer Differenz) zur Umwelt gewinnt an Plausibilität, wenn man von Bertalanffys Vorschläge für eine allgemeine Systemtheorie einbezieht. Danach erhält und reproduziert ein System sich durch (jeweils hochselektive) Austauschbeziehungen in seiner Umwelt. Diese Einsicht kann vom Ausgangsmodell des lebenden Organismus abgelöst und mit den Begriffen »Input« und »Output« abstrakter formuliert werden. So entstand eine allgemeine, auch auf Menschen und auf soziale Systeme anwendbare Theorie. Unter vielen anderen ließ auch Talcott Parsons sich dadurch anregen. Bei genauerem Zusehen erkennt man, daß jetzt zwei verschiedene Unterscheidungen im Spiel sind: die von System und Umwelt und die von Input und Output. Das bringt uns an den Punkt, an dem die weitere Entwicklung zu einem radikalen Bruch mit allen bisherigen Annahmen geführt hat – und dies nicht nur innerhalb der Kybernetik, sondern auch in der am Herstellen orientierten Erkenntnistheorie. Denn man kann jetzt die Frage stellen: was geschieht, wenn ein System seinen eigenen Output als Input wiedereinführt? Oder noch radikaler: gibt es Systeme, die ihr eigener Output, ihr eigenes Produkt *sind*?

II.

In einem ersten Anlauf kann man vom Begriff der Konditionierung ausgehen und ihn reflexiv einsetzen. Dann beschreibt man Systeme, die ihre Konditionierungen konditionieren. Ob Bedingungen Folgen auslösen, hängt dann von weiteren Bedingungen ab. Möglichkeiten werden blockiert oder freigegeben, je nachdem, ob andere Möglichkeiten blockiert oder freigegeben sind. Das System verfügt dann über ein latentes Potential, das nicht immer, sondern nur gelegentlich benutzt wird. Schon das sprengt die einfachen, kausaltechnischen Systemmodelle, die linear konzipiert sind und

Marshall C. Yovits/Scott Cameron (Hg.), Self-Organizing Systems: Proceedings of an Interdisciplinary Conference, 5. and 6. May 1959, London 1960, S. 31-50.

die Möglichkeit hierarchischer Steuerung unterstellen. Bei reflexiver Konditionierung verändert sich die Rolle von Zeit. Die Operationen sind nicht mehr nur als Sukzessionen geordnet, sondern hängen von Situationen ab, in denen Mehrfachkonditionierungen zusammentreffen. Entscheidungen müssen dann im Blick auf den jeweiligen Zustand des Systems getroffen werden und dabei in Rechnung stellen, daß weitere Entscheidungen erforderlich werden, die vom gegenwärtigen Zeitpunkt aus nicht vorausgesehen werden können. Bemerkenswert ist daran vor allem, daß gerade komplexe technische Systeme in diese Richtung tendieren. Obwohl Technik eine feste Kopplung von Kausalfaktoren vorsieht, wird das System für sich selbst intransparent, da nicht vorausgesehen werden kann, in welchem Zeitpunkt welche Faktoren blockiert bzw. freigegeben sind. Höchste Präzision im Detail verhindert nicht, sondern begünstigt gerade Unprognostizierbarkeiten.

Dies unerwartete Umschlagen von determinierten Abläufen in Entscheidungslagen unter Bedingungen der Intransparenz hat die neuere empirische Forschung zunehmend beschäftigt, vor allem unter dem Gesichtspunkt des Auftretens und der Verteilung von Risiken.[5] Es mag sich dabei um seltene Störungen, um unwahrscheinliche Koinzidenzen mit möglicherweise katastrophalen Folgen,[6] aber auch, zum Beispiel bei militärischen Operationen oder bei schwierigen medizinischen Eingriffen, um mehr oder weniger alltägliche Sachlagen handeln. Die Übergänge sind fließend, aber immer liegt das Problem im Umschlag von fester kausaler Kopplung in Intransparenz. Das System erzeugt durch Überlastung mit Determinierungen Indeterminiertheit und durch feste technische Kopplungen Zeitnot, weil die Technik verlangt, daß sofort entschieden werden muß.

Soziologisch ist daran interessant, daß in solchen Systemen Ressourcen gefragt sind, die in der klassischen Organisationstheorie nicht, oder allenfalls marginal, berücksichtigt worden waren; zum

5 Vgl. z. B. Gene I. Rochlin, Informal Networking as a Crisis-Avoidance Strategy: US Naval Flight Operations as a Case Study, Industrial Crisis Quarterly 3 (1989), S. 159-176; Karl E. Weick/Karlene H. Roberts, Collective Mind in Organizations: Heedful Interrelations on Flight Desks, Administrative Science Quarterly 38 (1993), S. 357-381.

6 Siehe z. B. Karl E. Weick, The Vulnerable System: An Analysis of the Tenerife Air Disaster, Journal of Management 16 (1990), S. 571-593.

Beispiel: Wahrnehmung von »kritischen« Objekten oder Verhaltensweisen, problemorientierte Konstruktion von Alternativen, langjährige Erfahrung und vor allem rasches, nicht von Kommunikation abhängiges Verständnis dafür, was andere im Moment im Sinn haben. Vorherige Planung fällt ebenso aus wie Rückgriff auf hierarchische Weisungen. Howard Becker spricht für einen ähnlichen Sachverhalt von spontan verfügbarer »Kultur«.[7]

Bei diesen Forschungen bleibt zunächst offen, ob die Störungen, die Sofortreaktionen erfordern, aus der Umwelt kommen oder im System selbst zu verorten sind. Das dürfte jedoch ein Scheinproblem sein. Denn Umweltereignisse können sich als Störungen oder eventuell als Katastrophen nur auswirken, weil das System auf technische Kopplungen hin angelegt ist und diese Kopplungen komplex konditioniert. Auch hier geht es mithin schon um das Problem, das uns beschäftigt: die Kontrolle von selbsterzeugter Intransparenz. Bei stärker theoretisch, wenn nicht mathematisch orientierten Überlegungen kommt dieser Gesichtspunkt jedoch deutlicher heraus.

In den 70er und 80er Jahren hatte man die hier anschließenden Überlegungen auf verschiedenen Wegen weitergetrieben. Bei Heinz von Foerster findet man Analysen von Maschinen, die ihre eigenen Berechnungen berechnen, mit der Umwelt über »doppelte Schließung« verbunden sind und damit eine so hohe, praktisch unbegrenzte Zahl von Möglichkeiten weiteren Operierens produzieren, daß sie (für sich selbst und für andere) unberechenbar werden.[8] Von Foersters Unterscheidung zwischen trivialen (zuverlässigen) und nichttrivialen (unzuverlässigen) Maschinen[9] wird inzwischen häufig zitiert. Alle höheren Formen des Lebens, das Bewußtsein und soziale Kommunikationssysteme sind nichttriviale Maschinen. Das führt zu einer Kybernetik zweiter Ordnung,

7 Siehe Howard S. Becker, Culture: A Sociological View, Yale Review 71 (1982), S. 513-527. Das Beispiel hier ist eine Gruppe von Musikern, die, ohne sich vorher zu kennen oder gemeinsam zu üben, eine Tanzkapelle bilden. Das Äquivalent für feste (technische) Kopplung ist hier die in den Musikstücken festgelegte Reihenfolge der Töne.

8 Siehe Heinz von Foerster, Observing Systems, Seaside, Cal. 1981.

9 Siehe Heinz von Foerster, Principles of Self-Organization – in a Socio-Managerial Context, in: Hans Ulrich/Gilbert J. B. Probst (Hg.), Self-Organization and Management of Social Systems: Insights, Promises, Doubts, and Questions, Berlin 1984, S. 2-24.

die auf das Beobachten von Beobachtungen gegründet ist und in die erkenntnistheoretische Diskussion als »Radikaler Konstruktivismus« eingetreten ist. Auch ethische Konsequenzen finden sich zumindest angedeutet, nämlich Erziehung zur Unzuverlässigkeit und Entscheidung als Entscheidung des prinzipiell Unentscheidbaren im Hinblick auf eine Vermehrung von Möglichkeiten des Entscheidens.

Dazu paßt der Begriff der Autopoiesis, von Humberto Maturana zur Definition des Begriffs Leben eingeführt.[10] In autopoietischen Systemen sind die Bedingungen der Reproduktion des Systems Produkte desselben Systems. Das gilt natürlich nicht für alle innerhalb der Raumgrenzen einer Zelle vorfindlichen Elemente wie zum Beispiel Mineralien. Und selbstverständlich muß man den Begriff der Produktion im klassischen Sinne also eng fassen und ihn nicht auf alle Ursachen ausdehnen, die auch in der Umwelt vorhanden sein müssen, damit die Autopoiesis fortgesetzt werden kann. Deshalb ist es auch hier nützlich, auf den Begriff der Konditionierung auszuweichen, denn kausal gesehen ist die Umwelt immer mitbeteiligt. Es geht eben nicht um Schöpfung, sondern nur um Produktion durch Verfügung über die notwendigen Konditionierungen.

Der Begriff der Reproduktion erläutert im biologischen Zusammenhang den Begriff der zirkulären Struktur der Zellchemie und gibt ihm einen zeitlichen Sinn. In anderer, von Francisco Varela eingeführter Terminologie spricht man auch von »operativer Schließung«.[11] Beide Autoren, Maturana und Varela, beziehen als Neurobiologen kognitive Prozesse ein: denn schließlich muß auch Kognition im Gehirn produziert und reproduziert (aus eigenen Produkten produziert) werden – oder sie findet nicht statt. Auch auf diesem Wege kommt man deshalb zu einer konstruktivistischen Erkenntnistheorie, die Erkenntnis nicht mehr als Repräsentation von Umweltgegebenheiten (unter welchen symbolischen Formen auch immer) begreift, sondern als »Eigenbehavior« eines selbstre-

10 Siehe zuerst: Humberto R. Maturana/Francisco J. Varela, Autopoietic Systems: A Characterization of the Living Organization, Urbana 1975. Für einen aktuellen Überblick siehe John Mingers, Self-Producing Systems: Implications and Applications of Autopoiesis, New York 1995.

11 Francisco J. Varela, Principles of Biological Autonomy, New York 1979; Niklas Luhmann, Probleme mit operativer Schließung, in: ders., Soziologische Aufklärung, Bd. 6, Opladen 1995, S. 12-24.

ferentiellen Systems. Und Realität ist dann nicht mehr das Ergebnis eines Widerstandes der Umwelt gegen Erkenntnisversuche des Systems,[12] sondern das Ergebnis erfolgreicher Auflösung systeminterner Inkonsistenzen, also das Ergebnis eines Widerstandes von Operationen des Systems gegen Operationen desselben Systems.

Ein dritter, diesmal nicht systemtheoretisch konzipierter Versuch (Systemtheorie wäre hier nur ein Anwendungsfall einer viel allgemeineren mathematischen Theorie) liegt im Formenkalkül von George Spencer Brown vor.[13] Hier geht es um das Prozessieren von Unterscheidungen, die zur Bezeichnung (indication) von irgend etwas (was auch immer) benutzt werden und dies Etwas deshalb gegen einen »unmarked« space absetzen müssen, weil anders nichts bezeichnet, also auch nichts beobachtet werden kann. Das läuft glatt, solange es um die normalen Rechenoperationen der Arithmetik und der (Booleschen) Algebra geht, die ihrerseits den von Spencer Brown entwickelten Apparat auch gar nicht benötigen würden. Damit kann man jedoch nicht erklären, wie man überhaupt zu stabilen Einheiten kommt, mit denen man rechnen kann; sie müssen doch irgendwie vorher dafür präpariert, vorher dafür ausgegrenzt werden. Um diese am Anfang zu setzenden Bedingungen einzuholen, überschreitet Spencer Brown am Ende die Grenzen des arithmetisch-algebraischen Kalküls *durch Einführung von Selbstreferenz*, und zwar in der Form des re-entry einer Unterscheidung in das *durch sie selbst* Unterschiedene: oder in kürzerer Fassung: durch re-entry der Form in die Form.

Die Folge ist jene auch von Heinz von Foerster beobachtete Explosion von Möglichkeiten. Spencer Brown spricht von »unresolvable indeterminacy«[14] und betont ausdrücklich, daß dies nicht dadurch bedingt sei, daß die Rechnung von fremdbestimmten Variablen abhänge. In systemtheoretische Terminologie übersetzt, folgt aus einem solchen Wiedereintritt der Unterscheidung von System und Umwelt ins System, daß derartige Systeme im Modus

12 Siehe aber auch N. Katherine Hayles, Constrained Constructivism: Locating Scientific Inquiry in the Theater of Representation, in: George Levine (Hg.), Realism and Representation: Essays on the Problem of Realism in Relation to Science, Literature, and Culture, Madison 1993, S. 27-43.

13 Siehe George Spencer Brown, Laws of Form (1969), Neudruck der 2. Aufl., New York 1979.

14 A. a. O., S. 57.

der *selbsterzeugten Unbestimmtheit* operieren und diesen Modus mit allem, was sie tun, mitreproduzieren – gleichsam als Medium, das sie voraussetzen und reproduzieren müssen, um überhaupt die Möglichkeit zu haben, etwas Bestimmtes bezeichnen zu können. Das mag im Moment extravagant klingen, ist aber für Bewußtseinssysteme ebenso wie für soziale Systeme unausweichliche Normalität, ja die selbstproduzierte Bedingung der Möglichkeit sinnhaften Operierens.

Selbsterzeugte Unbestimmtheit soll nur heißen, daß das System rekursiv operiert und dabei auf vergangene Zustände zurückgreifen muß, die es nicht voll erinnern kann, und auf künftige Zustände vorgreifen muß, über die erst in künftigen Gegenwarten entschieden werden kann. Es kann, anders gesagt, seinen eigenen Willen nicht binden[15] und muß doch mit ihm rechnen. Intransparenz ist dann das kognitive Resultat dieser durch Selbstreferenz erzeugten Sachlage. Man kann dieser Unbestimmtheit daher nicht mit verbesserten Kognitionen entgehen, sondern kann sich durch eigene Operationen nur Ausgangspunkte für unsichere Prognosen schaffen.

Damit sind wir beim Thema der Kontrolle von Intransparenz. Bevor wir den nächsten Schritt tun, sei jedoch eine Zwischenbemerkung eingefügt, die die Distanz zur neuzeitlichen philosophischen Tradition markieren soll. Bereits Leibniz hatte den vorgefundenen Dualismus von logischer und kausaler Form, den Dualismus also der Unterscheidung wahrer und falscher Sätze auf der einen und von Ursachen und Wirkungen auf der anderen Seite, überwunden, und zwar in der Form einer Möglichkeitstheorie. Er hatte Möglichkeiten in kompossible und inkompossible gespalten und die Kontrolle dieser Disjunktion Gott überlassen. Die Gewährleistung der Kompossibilität der geschaffenen als der besten aller möglichen Welten und die Ausgrenzung aller Inkompossibilitäten – das war

15 So formuliert zum Beispiel Jean Paul, Traum eines bösen Geistes vor seinem Abfalle, zit. nach Jean Pauls Werke, Auswahl in zwei Bänden, Stuttgart 1924, Bd. 2, S. 269-273 (269): »... kein Endlicher kann seinen Willen prophezeien und sagen, er werde und wolle in der nächsten Woche so und so wollen. Denn erfüllt er auch seine Prophezeiung, so tut er's doch nicht mit dem vorigen Willen, sondern mit dem augenblicklichen«, und die Konsequenz, die man ja auch in sozialen Systemen bestätigt finden kann, heißt dann: »Noch immer können Engel fallen und die Teufel sich vermehren.«

Gottes verbleibende Funktion in einer im übrigen selbstläufigen, Newtonschen Welt.[16] Dies Problem hatte sich jedoch bald darauf erübrigt, als Kant und dann Hegel Inkompossibilitäten in die Welt hineinzogen, sie temporalisierten und dem ihre Behandlung übernehmenden Prozeß den alten Namen Dialektik gaben. Mit der neuen mathematischen Kybernetik verzichtet man auch noch auf diese Form. Ein Grund dafür könnte sein, daß die Dialektik der Zeit eine zu strenge, am Prozeßbegriff orientierte Form gegeben hatte. Es könnte ja sein, daß man für Probleme im Umgang mit selbsterzeugter Unbestimmtheit, wie sie heute aktuell werden, ein ganz anderes Verständnis von Zeit benötigt.

III.

Dieser Vermutung wollen wir im folgenden nachgehen. Die Lösung des Problems der selbsterzeugten Unbestimmtheit und Intransparenz scheint eine *Verzeitlichung* der Weltlage des Systems zu erfordern, ebenso wie umgekehrt Intransparenz erzeugt wird, um die Möglichkeit zu gewinnen, mit Zeit umzugehen, ohne bei Inkonsistenzen ertappt zu werden. Damit ist nicht gemeint, daß der Umgang mit Intransparenz *in der Zeit*, also an datierbaren Zeitpunkten erfolgen muß. Das versteht sich von selbst. Vielmehr geht unsere Vermutung dahin, daß die Lösung in der Art und Weise liegt, *wie Zeitdifferenzen benutzt werden*.[17]

Verzeitlichung soll hier heißen: Erzeugung einer Differenz von Vergangenheit und Zukunft. Gäbe es für das System nur Vergangenheit, oder: wäre die Gegenwart des aktuellen Operierens nur Wiederholung von Vergangenheit, würde das System sich reproduzieren, wie es ist. Gäbe es umgekehrt nur Zukunft, müßte das System sich als laufende Abweichung von seinem eigenen Zustand, zum Beispiel als Zweck, verstehen, und es würde in ein Abweichen vom Abweichen vom Abweichen geraten. Eine bestands- und lernfähige Selbstorganisation gewinnt das System nur, wenn es sich an

16 Dazu Gilles Deleuze, Logique du sens, Paris 1969, insb. S. 200 ff. und zu Kant S. 342 ff.

17 Diese wichtige Unterscheidung findet sich bei Giovan Francesco Lanzara, Capacità negativa: Competenza progettuale e modelli di intervento nelle organizzazioni, Bologna 1993, S. 293: »*mediante il tempo*, non solo *nel tempo*.«

einer *Differenz* von Vergangenheit und Zukunft orientiert und in genau diesem Sinne Zeit erzeugt.

Zeit ist dann nicht gewonnen über ein Copieren externer Bewegungen oder ihrer Messungen ins System, etwa in der Form von Uhren. Daß dies *auch* möglich ist, soll gar nicht bestritten werden, aber ein Bedarf dafür setzt Zeit schon voraus. Auch ist Zeit nicht, wie in der abendländischen Tradition,[18] abzulesen an einer Differenz von Bewegtem und Unbewegtem, denn damit käme man nicht zu einem weltuniversalen Zeitbegriff. Sondern Zeit entsteht durch eine rein temporale Ausstattung der Gegenwart mit zwei Endloshorizonten, die sich in der Gegenwart treffen und aneinanderbinden: dem der Vergangenheit und dem der Zukunft. Und von *Endlos*horizonten ist deshalb die Rede, weil man nun weder einen Ursprung denken kann, vor dem nichts war, noch einen Endzweck, auf den nichts folgen wird.[19] Grenzen, auch Zeitgrenzen, verweisen immer auf eine andere Seite.

Auch hier können wir zunächst wieder auf Spencer Browns Formenkalkül zurückgreifen, auf dessen innovative Einführung von Zeit in die Mathematik Heinz von Foerster schon früh hingewiesen hat.[20] Zeit ist hier nicht nur als Schema der Sequenz von Operationen oder als Zeit zum allmählichen Aufbau von Komplexität von Bedeutung. Nach der Einführung des re-entry der Unterscheidung in sich selbst muß der Kalkül, um weitermachen zu können, über eine memory function und eine oscillator function verfügen können. Für rein mathematische Operationen im imaginären Raum der Funktionen zweiter Ordnung genügt eine begrenzte Sinngebung. Der Kalkül muß den Zustand feststellen, in den er sich selber versetzt hat, um von da ausgehen zu können; und er muß, weil er Unbestimmtheit einkalkulieren muß, seine Indikationen zwischen marked und unmarked space oszillieren lassen. Man ahnt aber

18 Die im übrigen, im Kulturvergleich gesehen, eine sehr spezifische Festlegung gewesen war. Vgl. Jan Assmann, Das Doppelgesicht der Zeit im altägyptischen Denken, in: Anton Peisl/Armin Mohler (Hg.), Die Zeit, München 1983, S. 189-223.

19 Siehe die »Erledigung« dieses Problems als Verstoß gegen den Sinn der ewigen Präsenz Gottes (aeternitas) im 11. Buch der Confessiones von Augustinus.

20 In einer Rezension der »Laws of Form« im Whole Earth Catalogue 1969, S. 14, deutsche Übersetzung in: Dirk Baecker (Hg.), Kalkül der Form, Frankfurt/M. 1993, S. 9-11.

schon, daß hier auf neuartige Weise Zeit ins Spiel kommt. Will man diesen Ausweg aus selbsterzeugter Unbestimmtheit in eine empirische Systemtheorie übernehmen, muß man diese beiden Funktionen, memory und oscillation, komplexer interpretieren und ihren Zeitbezug deutlicher herausarbeiten. Damit wird zugleich klargestellt, daß es auf ihre Trennung, auf ihre Differenz ankommt. Das Gedächtnis steht für die Gegenwart der Vergangenheit des Systems und Oszillieren für die Gegenwart der Zukunft des Systems.

Was Vergegenwärtigung von Vergangenheit betrifft, hat das Gedächtnis eine Doppelfunktion, mit der es alle (!) jeweils aktuellen Operationen begleitet, also *immer* in Betrieb ist, nämlich Vergessen und Erinnern.[21] Die Hauptfunktion liegt im Vergessen, im Wiederfreimachen der Kapazitäten des Systems (so als ob es um eine Parallele ginge zur laufenden Evakuierung des Raumes durch die Expansion des Universums). Aber dies Inhibieren von Festlegungen muß in gewissem Umfange desinhibiert werden, damit das System Identitäten konstruieren, Redundanzen aufbauen, Eigenwerte fixieren kann. In diesem Sinne diskriminiert das Gedächtnis laufend Vergessen und Erinnern und ist dadurch in der Lage, sich selbst, nämlich sein Erinnern, zu konditionieren. Dabei kann der Eindruck von Bekanntheit oder von Können erzeugt werden (wie fährt man Fahrrad, wie schwimmt man, wie spricht man eine Sprache?), aber außerdem können mit demselben Mechanismus auch Inkonsistenzen aufgelöst werden, indem das Gedächtnis Ereignisse, die nicht gleichzeitig vorkommen könnten, an verschiedenen Zeitstellen lokalisiert. Die Katastrophe von Tschernobyl liegt Jahre zurück, und jetzt braucht man sich deshalb nicht mehr vor Strahlungen zu fürchten. Im übrigen funktioniert das Gedächtnis keineswegs notwendig (im typischen Falle sogar überhaupt nicht) in der Form der Generalisierung von Regeln für mehr als nur eine Situation. Die Wiederverwendung von Bekanntem in neuen Situationen kann ganz konkret erfolgen, vermittelt durch vertraute Einzelheiten, Analogien oder Eindrücke von Gleichheit oder Verschiedenheit. Um Regeln zu lernen, braucht man fast schon eine Schule oder ein antrainiertes künstliches Gedächtnis.

Der Zeithorizont »vergangen« indiziert *Unabänderlichkeit*, das

21 Siehe Heinz Förster, Das Gedächtnis: Eine quantenmechanische Untersuchung, Wien 1948.

ist seine selbstverständliche Eigenart und seine Entlastungsfunktion. Und trotzdem leistet das Gedächtnis eine laufende *Modifikation* von Vergangenem, um es mit einer gegenwärtig möglichen Zukunft zu verbinden. Modifikation trotz Unabänderlichkeit? – ebendas ist möglich, weil das Gedächtnis Vergessen und Erinnern diskriminiert und in diesem Spielraum des Diskriminierens umdisponieren kann. Vorher Vergessenes kann plötzlich deutlich erinnert oder als »vergessen-gewesen« neu erzeugt werden, und Erinnertes kann, weil unwichtig geworden und nicht wieder aufgerufen, allmählich vergessen werden.

Nur wenn man dieses laufende Diskriminieren von Vergessen und Erinnern beachtet und wenn man berücksichtigt, wie das Gedächtnis Inkonsistenzen durch zeitliche und räumliche Verteilung auflöst, kann man erkennen, wie das Gedächtnis Realität errechnet. Realität ergibt sich aus der erfolgreichen Bearbeitung eines Widerstandes von Operationen des Systems gegen Operationen desselben Systems. Dazu muß das System erst einmal interne Unbestimmtheit, interne Konfusion erzeugen, um dem eigenen Gedächtnis eine Aufgabe zuweisen zu können. Ohne selbsterzeugte Intransparenz wäre Gedächtnis weder nötig noch möglich.

Das Gedächtnis mag bei einer Unsicherheit, die intern auf externe Ursachen zurückgeführt wird, mit bekannten Formen weiterarbeiten und diesen damit in neuen Situationen einen neuen Sinn geben. Nach einem Erdbeben in Süditalien sorgen die Einheimischen zunächst einmal für eine Espresso-Bar im Freien und richten damit einen Treffpunkt ein, an dem man Erfahrungen sammeln und austauschen kann. (Die Regierung schickt, weniger erfolgreich, Militär mit Gewehren und Munition.)[22] Das mag für eine Theorie soziokultureller Evolution genügen, läßt aber den Zeithorizont der Zukunft außer acht. Von selbsterzeugter Unbestimmtheit kann dagegen nur die Rede sein, wenn auch die Zukunft einbezogen und der Vergangenheit entgegengesetzt wird, und zwar *explizit* und *in anderer Form*. Diese Differenz von Vergangenheit und Zukunft wollen wir, in lockerem Anschluß an Spencer Brown, mit der Unterscheidung von memory function und oscillator function beschreiben.

22 Diese Beispiele bei Lanzara, a. a. O., S. 9 ff., 143 ff. Im Anschluß an Keats nennt Lanzara diese gedächtnisgestützte Fähigkeit des Umgangs mit unbekannten Sachlagen »negative capability«.

Spencer Brown benötigt den Begriff des Oszillierens nur, um die Unterscheidung von marked und unmarked space in seinen Kalkül einzubauen. Im systemtheoretischen Kontext empfiehlt es sich, den Begriff des Oszillierens auf jede Unterscheidung zu beziehen, die das System zu Beobachtungen benutzt. Voraussetzung der Benutzung ist nur, daß jeweils nur die eine und nicht die andere Seite bezeichnet und als Ausgangspunkt für anschließende Operationen verwendet wird. Ebendeshalb ermöglicht jede zum Beobachten benutzte Unterscheidung ein Kreuzen ihrer inneren Grenze und in diesem Sinne ein Oszillieren des Systems. Es kann sich um Unterscheidungen wie reden und essen, Selbstreferenz und Fremdreferenz, Sein und Nichtsein, wahr und unwahr, gut und böse, mehr und weniger, krank und gesund, normal und pathologisch, kurz, um *jede* Unterscheidung handeln. Voraussetzung ist nur, daß im Moment des Gebrauchs der Unterscheidung die Bezeichnung selbst einseitig bleibt und die Unterscheidung selbst wie die Perspektive, durch die man sieht, unsichtbar bleibt. Das schließt es natürlich nicht aus, auch Unterscheidungen zu unterscheiden und zwischen ihnen zu oszillieren; und es schließt auch nicht aus, Kreuztabellen zu bilden, etwa gut/böse und normal/pathologisch zu kreuztabellieren, um auch Böses als normal und Gutes als pathologisch bezeichnen zu können. Aber auch dann gilt, daß die Unterscheidung der Unterscheidungen unbeobachtet bleibt und daß die Theorie hinter der Auswahl von Unterscheidungen für Kreuztabellierung unkenntlich bleibt.[23]

Wenn wir sagen: *jede* Unterscheidung ist in Hinsicht auf Zukunft oszillationsbereit, so gilt das auch für die Unterscheidung von Vergangenheit und Zukunft bzw. für die Unterscheidung Gedächtnis und Oszillation. Das System ist, wenn es überhaupt temporal beobachtet, unvermeidlich *bistabil.* Die Universalität des gleichwohl sehr speziellen Zeitschemas ist also durch ein re-entry der Zeitunterscheidung in sich selbst garantiert.[24] So verstanden,

23 Parsons hatte bekanntlich versucht, diesen Mangel durch eine Analyse des Begriffs der Handlung zu beheben. Dabei konnten aber die Ausschließungseffekte dieser Vorgehensweise und damit auch ihre innere Einheit nicht kontrolliert werden.

24 Historiker haben einem ähnlichen Sachverhalt mindestens seit dem 18. Jahrhundert Rechnung getragen und berücksichtigt, daß mit dem Fortschreiten von Gegenwart zu Gegenwart das gesamte Zeitschema Vergangenheit/Gegenwart/

läßt Zeit sich nicht mehr als Bewegung, ja überhaupt nicht mehr in ontologischen Begriffen fassen, also auch Zukunft nicht mehr als etwas, was auf uns zukommt. Jede Projektion künftiger Zustände ist Projektion einer oszillationsbereiten Unterscheidung und nicht etwa nur die noch unsichere Erwartung künftiger Fakten, deren Vorstellung ja ihrerseits zwischen Eintreffen und Nichteintreffen oszillieren würde. Daher kann es keine oszillationsfreie Zukunft geben. So wie Vergangenheit durch Unabänderlichkeit, so ist Zukunft durch Oszillation markiert. Das ändert sich nicht, wenn man an künftige Gegenwarten denkt, die so sein werden, wie sie sein werden, und in denen so gehandelt werden wird, wie gehandelt werden wird; denn das sind nur Formulierungen, die verdecken, daß dies »wie«, von heute aus gesehen, so oder auch anders ausfallen kann.

Man kann das in Aussicht genommene Oszillieren natürlich manipulieren durch Wahl der Unterscheidung, die der Oszillation zugrunde gelegt wird. Es mag sich um die ethische Unterscheidung »gut/böse« oder um die technische Unterscheidung »es funktioniert/es funktioniert nicht« handeln, und man kann mit der Wahl einer Unterscheidung von einer anderen ablenken. Zu den interessantesten Formen des Eingriffs in künftige Oszillation gehören Versuche, Ratschläge oder Vorschriften für künftiges Verhalten zu kommunizieren. Das konzentriert den Oszillationsrahmen auf die Unterscheidung Befolgen/Nichtbefolgen und verdeckt die dem zugrundeliegenden Intransparenzen. Das Paradigma dieser Ablenkung ist für uns das biblische Verbot, vom Baum der Erkenntnis zu essen. Aber es gibt inzwischen zahllose andere Fälle, die der Überwachung durch die Theologen entglitten sind. Soll man zum Beispiel einer ärztlichen Empfehlung folgen, wenn dies unbequem ist oder zur Änderung von Alltagsgewohnheiten zwänge?[25] Die Zukunft kann, um es nochmals zu sagen, nicht ohne Eröffnung von Oszillationsmöglichkeiten konstituiert werden, so wenig wie die Vergangenheit ohne Unabänderlichkeit. Aber gleichsam zum Ausgleich dieses Formzwanges gibt es hinreichend viele Formen da-

Zukunft mitwandert. Das zwingt dann dazu, vergangene Gegenwarten von der Gegenwart der Vergangenheit und künftige Gegenwarten von der Gegenwart der Zukunft zu unterscheiden.

25 In der neueren Medizinforschung spricht man hier von »Compliance«-Problemen.

für, so daß die Gegenwart der Zukunft sehr verschiedenen Bedürfnissen und, historisch gesehen, sehr verschiedenen institutionellen Vorgaben angepaßt werden kann.[26]

Als bistabiles Bestimmen der Zukunft wirkt das Oszillieren auch auf das Gedächtnis des Systems zurück, und dies in unterschiedlicher Weise, je nachdem, welche Unterscheidungen verwendet werden. So kommt es zu einer ständigen Neubeschreibung der Vergangenheit.[27] Im Gesamteffekt wird das, was vordem notwendig und natürlich war, jetzt kontingent, künstlich eingeführt und legitimationsbedürftig und kann nicht mehr renezessitiert werden. Im sentimentalischen Zeitalter erscheint, um es mit Schiller zu formulieren, frühere Dichtung als naiv, was sie für sich selbst nicht gewesen war.

So wie die Intransparenz des Systems in Richtung Vergangenheit durch das Gedächtnis kontrolliert wird, so die Intransparenz in Richtung Zukunft durch die jeweils als »frame« des Beobachtens benutzten Unterscheidungen. Die Zukunft wird dadurch binarisiert, sie wird einem flip/flop überlassen; aber man muß Unterscheidungen wählen, um diesen Effekt zu erreichen, und zahllose andere Unterscheidungen sind und bleiben ebenfalls möglich. Dem so verstandenen Oszillieren liegen also, wenn man es logisch rekonstruieren will, »transjunktionale Operationen« im Sinne von Gotthard Günther zugrunde, das heißt Operationen, die zwischen Akzeptieren und Rejizieren von Unterscheidungen oszillieren.[28] Die transjunktionale Binarisierung von Binarität scheint mithin

26 Hier mag man denn auch einen Grund dafür vermuten, daß die Vielfalt der Formen vermeintlicher Zukunftsbestimmung und die daraus folgende Unsicherheit mehr Aufmerksamkeit gefunden hat als das Oszillieren selbst.

27 »Redescription« in einem Sinne, der zum Beispiel von der britischen Art-and-Language-Gruppe gebraucht wird, um die ständige Neubewertung vergangener Kunst im Vollzug einer Stilentwicklung zu bezeichnen. Nach dem Übergang zu atonaler Musik ist tonale Musik noch tonale Musik, aber nicht mehr die selbstverständliche und natürliche Art des Komponierens, sondern nur noch eine durch Limitierungen bestimmte historische Form, in der man heute nicht mehr ernsthaft komponieren kann. Siehe Michael Baldwin/Charles Harrison/Mel Ramsden, On Conceptual Art and Painting and Speaking and Seeing: Three Corrected Transcripts, Art-Language N. S. 1 (1994), S. 30-69.

28 Siehe Gotthard Günther, Cybernetic Ontology and Transjunctional Operations, in: ders., Beiträge zur Grundlegung einer operationsfähigen Dialektik, Bd. 1, Hamburg 1976, S. 249-328. Ob daraus auf die Notwendigkeit einer »mehrwertigen« Logik geschlossen werden kann, wollen wir offenlassen.

die Form zu sein, in der das Noch-nicht-Bestimmtsein der Zukunft Form gewinnt und ihr Unbekanntsein ausgebeutet werden kann.[29]

Das führt schließlich zu der Frage, welches System auf Grund der Vorgaben seines Gedächtnisses welche Unterscheidungen wählt, um seiner Zukunft Form zu geben. Erst in diesem Rahmen können die kleinen, scharfen Geister des »rational choice« ihre Arbeit beginnen. Die Intransparenz verschwindet nicht, sie bleibt erhalten wie das »occultum« des Augustin, aus dem die Zeit hervorgeht und in das sie wieder verschwindet.[30] Aber wir können jetzt genauer formulieren: Es bleibt dabei, daß das Vergessen selbst und damit auch das Diskriminieren von Vergessen und Erinnern vergessen wird und daß jede Unterscheidung im Moment ihres Gebrauchs ihre eigene Einheit nicht mitbeobachten, sondern als blinden Fleck des Beobachtens voraussetzen muß.

Der Integration von Vergangenheit und Zukunft zur Einheit der Zeit liegt notwendigerweise eine Selektion zugrunde, die nur in der Gegenwart vollzogen werden kann – in einer Gegenwart, die ihrerseits nur dadurch Gegenwart ist, daß sie die Differenz von Vergangenheit und Zukunft markiert. Auch das ist nicht möglich, ohne daß eine andere Seite, nämlich das durch die Selektion Ausgeschlossene, nicht gesehen wird. Das Zusammenrechnen von Vergangenheit und Zukunft schließt, Jean Paul zufolge, die Heiterkeit der Seele aus, weil man bei diesem Geschäft darauf verzichten muß, die Vergangenheit und die Zukunft sich selbst zu überlassen.[31]

29 Von »exploitation of unknowledge« spricht auch G. L. S. Shackle, Imagination and the Nature of Choice, Edinburgh 1979, S. 74, 140.

30 »Ex aliquo procedit occulto, cum ex futuro fit praesens, et in aliquod recedit occultum, cum ex praesenti fit praeteritum« [»nur daß die Zeit, wenn Zukünftiges gegenwärtig wird, aus irgendeinem Verborgenen hervorkommt und wieder in ein Verborgenes zurückweicht, wenn Gegenwärtiges zum Vergangenen wird«], heißt es in Confessiones 11,17 [dt. Bekenntnisse, Stuttgart 1989].

31 Vgl. »Bruchstücke aus der Kunst, stets heiter zu sein«, zit. nach Jean Pauls Werke, a. a. O., Bd. 2, S. 153-161. Siehe auch Rousseaus »Cinquième Promenade« auf der Isle de St. Pierre, in: Jean-Jacques Rousseau, Les Rêveries du Promeneur Solitaire, zit. nach Œuvres complètes (éd. de la Pléiade), Bd. 1, Paris 1959, S. 993-1099 (1040 ff.).

IV.

Kann man angesichts einer derart komplexen (damit aber hoffentlich realitätsnahen[32]) Theorie noch von Kontrolle oder von Steuerung oder zumindest von Selbststeuerung sprechen? Leistet Kontrolle mehr als ein Sicheinlassen auf, ein Sichabfinden mit selbsterzeugter Intransparenz? Ist etwas anderes gemeint als »exploitation of unknowledge« (Shackle) oder »capacità negativa« (Lanzara)?

Im Kontext der hier entfalteten Theorie selbstreferentieller, autopoietischer Systeme verlieren die Begriffe Kontrolle (englisch control) und Steuerung ihre gewohnten Konturen und werden definitionsbedürftig. Offenbar kann nicht gemeint sein, daß der künftige Gesamtzustand eines Systems in der Gegenwart schon festgelegt wird; ja nicht einmal, wenn man Konzessionen machen will, daß Details zunächst offenbleiben und man mit unvorhergesehenen Nebenfolgen rechnen muß. Das Problem läßt sich nicht mehr nach dem Muster von Entscheidung und Ausführung lösen. Wenn das System seine eigene Geschichte erzeugt, und das mit immer neuen selektiven Operationen, ist es schon deshalb für sich selbst unbestimmbar. Für Steuerung und Kontrolle fehlen dann sogar die Zustandsbeschreibungen, nach denen man sich richten könnte. Das System selbst ist, müßte man jetzt sagen, die unvorhergesehene Nebenfolge seiner eigenen Operationen. Diese ermöglichen nur jeweils aktuell zu bestimmende Anschlußoperationen, und als Folge davon entsteht jene Differenz zur Umwelt, die das System ausnutzt, um sich selbst (mit welchen Strukturen auch immer) zu stabilisieren. Steuerung kann also nicht als Orientierung an einem Modell des Systems im System begriffen werden.[33]

Als Alternative könnte man daran denken, Steuerung als Trivialisierung zu definieren. Das hieße dann: nichttriviale Maschinen als triviale Maschinen, also »technisch« zu behandeln. Auch das kann aber nicht befriedigen, denn es liefe darauf hinaus, Steuerung als einen Irrtum, ja als einen Kategorienfehler zu definieren. Solch

32 »Realitätsnah« kann hier natürlich nur heißen: Bestehen von selbstveranstalteten Konsistenzprüfungen.

33 So Roger S. Conant/W. Ross Ashby, Every Good Regulator of a System Must be a Model of That System, International Journal of Systems Science 1 (1970), S. 89-97.

ein Irrtum mag als praktisches Motiv durchaus wirksam sein und zum Beispiel für die politische Rhetorik des »Gestaltenkönnens« unentbehrlich sein. Eine wissenschaftlich überzeugende Theorie ließe sich darauf jedoch nicht gründen. Man würde nur zurückfallen in die Pauschalablehnung von »Systemtheorie« als technisch-instrumentell, wie sie um 1970 üblich war.

Diese Reserve gegenüber verbreiteten (vor allem in der Politikwissenschaft verbreiteten) Vorstellungen muß jedoch nicht dazu führen, auf den Begriff der Steuerung ganz zu verzichten; man muß ihn nur genauer und theoriekonsistent bestimmen. Mit dieser Zielsetzung im Sinn ließe sich der Begriff der Steuerung als *Absicht auf Veränderung bestimmter Differenzen* definieren.[34] Dabei kann es sich, je nachdem, wie über positive und negative Wertungen disponiert wird, um eine Vergrößerung oder um eine Verkleinerung der ins Auge gefaßten Differenzen handeln.

Vor diesem Theoriehintergrund kann zunächst der Begriff des Zweckes als eine doppelte, zeitliche und sachliche Unterscheidung neu gefaßt werden.[35] Zwecke ergeben sich, wenn ein System eine Vergangenheit erinnert, die auf eine Zukunft vorausweist, die das System nicht akzeptieren will. Mit der Spezifikation von Zwecken abstrahiert das System gewissermaßen von sich selbst. So gesehen, ist Selbsterhaltung kein möglicher Zweck, und zwar schon deshalb nicht, weil sie keine Information darüber enthält, ob die Differenz von System und Umwelt nun vergrößert oder verkleinert

34 In Anpassung an Methodenvorstellungen empirischer Wissenschaften könnte man auch von »Variablen« sprechen. Ich bevorzuge jedoch »Differenzen« und, wenn auf einen Beobachter Bezug genommen wird, »Unterscheidungen«, weil die Variablenterminologie sich auf spezifische Voraussetzungen, vor allem auf eine Ceteris-paribus-Klausel, einlassen muß, die wir vermeiden können, wenn wir Spencer Browns Begriff einer weltoffenen, den »unmarked space« ausschließenden und dadurch einbeziehenden Unterscheidung übernehmen. Die Variablenterminologie muß sich auf eine *unwahre* Voraussetzung einlassen. Die Terminologie Beobachter/Unterscheidung/Form versucht dagegen, auch die Unterscheidung wahr/unwahr als Unterscheidung zu erfassen, und zwar als eine unter anderen, gleichfalls möglichen. Das dürfte auch der Grund sein, weshalb Spencer Brown seinen Formenkalkül nicht als Logik verstanden wissen will, sondern als Mathematik.

35 Die Sozialdimension kommt hinzu, wenn man Zwecke für legitimationsbedürftig hält und den Begriff des Zweckes von Motiven, Interessen und Werten unterscheidet. Das geschieht in reflektierter Weise jedoch erst in der Neuzeit.

werden soll. Das System ist in dieser Begriffsdisposition dann die andere, unmarkierte Seite seiner Zwecke; oder in anderen Worten: wenn man Zwecke verfolgt, muß man sie von dem System, das sie verfolgt, unterscheiden können. Damit verschiebt sich auch der Gegenbegriff zu Zweckrationalität in einer Art »antonym substitution«: Es geht nicht mehr um Vernunft, für die nur gesellschaftsabhängige Kriterien gefunden werden könnten,[36] sondern um Systemrationalität.

Daß Steuerung in diesem zweckrationalen Sinne möglich ist, kann gar nicht bestritten werden. Durch Impfungen verringert sich die Wahrscheinlichkeit bestimmter Krankheiten. Durch staatliche Subventionierung von Industrien, für die keine ausreichenden Märkte vorhanden sind, kann unter Umständen die Arbeitslosigkeit verringert werden. Steuerung in diesem Sinne operiert zukunftsorientiert, sie betätigt die Oszillatoren des Systems. Sie legt das System nicht auf einen künftigen Gesamtzustand fest, sondern verändert nur einige seiner Konditionierungen. Das macht es wahrscheinlich, daß das System auf Steuerung (von außen oder von innen) mit transjunktionalen Operationen[37] reagiert und von einer Unterscheidung zu anderen überspringt. Impfungen werfen Rechtsfragen auf (Impfpflicht, Haftung für Impfschäden), und eine Bekämpfung von Arbeitslosigkeit mag inflationären Tendenzen Auftrieb geben und die Aufmerksamkeit dorthin verlagern. Steuerung wirkt also immer auch als Konditionierung dessen, was im System sonst noch geschieht.

Die Zukunft wird also nicht als Endzustand (télos) in das System eingeführt und auch nicht als Entscheidungsbaum, dessen Struktur man überblicken könnte, wenn man an den Knotenpunkten Entscheidungen trifft. Nur Differenzen (und es können mehrere zugleich sein) werden projektiert, und das heißt: als Bedingungen möglicher Oszillation fixiert. Die als Zwecke fungierenden Differenzen können von Situation zu Situation neu vermessen werden, es kann zu Schwerpunktverschiebungen vom Zweck auf die Mittel kommen, aber auch Zwecke können ihren Wert verlieren oder sich als unerreichbar erweisen. Der Zweck selbst, könnte

36 Apel und Habermas würden sagen: diskursabhängige Kriterien; aber das führt nur zu der Frage: welche Gesellschaft schätzt, und in welchen Kommunikationszusammenhängen schätzt sie, »herrschaftsfreie Diskurse«.

37 Im Sinne von Gotthard Günther, a. a. O.

man auch sagen, rechtfertigt nicht das Festhalten am Zweck. Die wichtigste Planungsressource, die die Zukunft zur Verfügung stellt, ist ihr Unbekanntsein.[38] Nur deshalb kann man sich überhaupt mehrere mögliche Verläufe vorstellen und für einen von ihnen optieren. Das Gesamtverhalten, das einem Steuerungsimpuls zu folgen versucht, mag dann, wenn man es mit Adlerblick von oben beobachten könnte, einen ziemlich erratischen, jedenfalls keinen zweckrationalen Eindruck machen. Vor allem aber erneuert jede neue Situation mit den dann neu destillierten Informationen auch die Differenz von Vergangenheit und Zukunft; und das zumindest kann man im voraus wissen.

Deshalb ist es sinnvoll, zwischen Steuerung und Kontrolle zu unterscheiden. In dem Maße, als Steuerungsversuche zur Vergangenheit werden und, wie immer begrenzt, erinnert werden, setzt Kontrolle ein. Jede neue Gegenwart setzt die Steuerung unter Konsistenzdruck. Die Möglichkeit, zu kontinuieren oder zu diskontinuieren, erzwingt Entscheidungen. Bei »Kontrolle« ist daher nicht nur an eine Aufdeckung von Fehlern zu denken, was nur bei Trivialmaschinen sinnvoll wäre, sondern Kontrolle ist die Selbstbeobachtung eines Systems nach Steuerungsversuchen. Kontrolle ist auch nicht nur Erfolgskontrolle. Sie kann auch darin bestehen, daß das System externe oder von oben kommende Steuerungsversuche abzuwenden oder unschädlich zu machen versucht. Statt Sitzgurte anzulegen, malt man einen dunklen Streifen aufs T-Shirt. Kontrolle kann aber auch heißen, daß die Blickbeschränkung auf spezifische Differenzen wieder aufgelöst oder doch gelockert wird und man dazu übergeht, den Steuerungsimpuls komplexer zu beschreiben. Kontrolle ist also fast immer mit einer »redescription« der Steuerung verbunden, die das System einer laufenden Selbstkorrektur aussetzt. Wie Steuerung in den Kontext von Oszillation, so gehört Kontrolle in den Kontext von Gedächtnis.

Das Verhältnis von Steuerung und Kontrolle kann deshalb, wenn man es unter dem Gesichtspunkt einer möglichen Systemrationalität beschreiben will, als ein Sonderfall des Zusammenrechnens von Vergangenheit und Zukunft, also als eine zeitliche Selbst-

38 So auch Shackle, a. a. O., der sich deshalb mit Recht darüber wundert, wie der Markt des Wirtschaftssystems es fertigbringt, für jeden Zeitpunkt einigermaßen uniforme Preise zu garantieren (S. 65).

integration des Systems angesehen werden. Es geht dabei jedenfalls weder um Zweckrationalität noch um Wertrationalität.

V.

Zum Schluß noch einige kurze Bemerkungen zu den erkenntnistheoretischen und den ethischen Konsequenzen.

In der Erkenntnistheorie muß die These, man könne nur erkennen, was man herstellen kann, aufgegeben werden; zumindest dann, wenn man Selbsterkenntnis einbezieht; und ohne Wissen, daß es sich um Erkenntnis handelt, ist Erkenntnis kaum vorstellbar. Selbstreproduktion (Autopoiesis) ist gerade dasjenige Verfahren, das ein System überdeterminiert und damit jener »unresolvable indeterminacy« aussetzt. Überhaupt wird man auf repräsentationale Erkenntnistheorie verzichten müssen, wenn man einsieht, daß Systeme nicht außerhalb ihrer Grenzen in ihrer Umwelt operieren, deren Zustände also auch gar nicht ermitteln können.[39] Operativ geschlossene Systeme können nur auf der Innenseite ihrer Grenzen operieren, auch wenn der Sinn von Grenze ihnen suggeriert, daß es eine andere Seite geben müsse. Sie können mit ihren eigenen Operationen ihre Grenzen nicht durchstoßen und sind daher außerstande, interne und externe Zustände zu vergleichen.

Aber auch operativ geschlossene Systeme erfahren an ihrer Grenze, daß es eine Außenwelt gibt. Das zwingt sie, Selbstreferenz und Fremdreferenz zu unterscheiden und diese Unterscheidung allen internen Operationen aufzuzwingen.[40] Kognition wird deshalb

39 Hierzu ausführlich Niklas Luhmann, Die Wissenschaft der Gesellschaft, Frankfurt/M. 1990.

40 Aus genau diesem Grunde hatte Husserl eine Bewußtseinstheorie als Phänomenologie vorgestellt – unter Ausklammerung (Epoché) der Frage, ob den Phänomenen eine ontische Qualität zugeschrieben werden könne. Bei Gotthard Günther findet man die Einsicht, daß kognitive Systeme, gerade weil sie ihre Kognition nur passiv hinnehmen und nur durch die Unterscheidung wahr/unwahr kontrollieren können, sich einen Willen zuschreiben *müssen* (nicht nur: zuschreiben *können*), der in ihrer Umwelt einen Unterschied macht. Siehe Cognition and Volition, in: Gotthard Günther, Beiträge zur Grundlegung einer operationsfähigen Dialektik, Bd. 2, Hamburg 1979, S. 203-240. Es gibt dieselbe Erkenntnis eines Zusammenhangs von operativer Schließung und intern unvermeidlicher Unterscheidung von Selbstreferenz und Fremdreferenz also in sehr verschiedenen Theorietraditionen.

durch ein Oszillieren in diese interne Unterscheidung erzeugt und ist unvermeidlich sowohl zeitlich als auch reflexiv konstituiert. Es gibt keine Kognition, die nicht von Fremdreferenz zu Selbstreferenz und umgekehrt übergehen könnte, mit dieser Zukunftsgewißheit des möglichen Übergangs arbeitet und deshalb sich selbst als Kognition reflektiert.

Auch Ethik entsteht durch Oszillieren und, ebenso wie Erkenntnis, durch Sedimentierung der damit verbundenen Erinnerungen. Und wie in der Erkenntnistheorie die zweiwertige Logik, die wahre und unwahre Aussagen unterscheiden und diesen Unterschied als gegeben voraussetzen mußte, nur noch begrenzte Bedeutung hat, so kann auch die Ethik nicht mehr unbefangen ihre Aufgabe darin sehen, gutes und schlechtes (bzw. böses) Verhalten zu unterscheiden. In ihren klassischen zweiwertigen Formen waren Erkenntnistheorie und Ethik genötigt, ihre jeweiligen Codes mit Hilfe ebendieser Codes auf sich selber anzuwenden, also die Unterscheidung wahr/unwahr selber für wahr zu halten und die Unterscheidung von gut und schlecht selber für gut.[41] Das sind jedoch kaum verhüllte Paradoxien, die denselben Wert einmal mit und einmal ohne Gegenwert verwenden. Jedenfalls kann die Ethik heute angesichts so vieler unheilvoller moralischer Streitigkeiten nicht mehr unbefangen davon ausgehen, daß es gut sei, zwischen gut und schlecht bzw. gut und böse zu unterscheiden, und daß dabei nur Probleme der rationalen Begründung zu lösen seien. Das biblische Verbot, nicht von diesem Baum der Erkenntnis zu essen, hatte seinen guten Sinn gehabt. Nach dem Sündenfall bleibt allerdings nur eine Politik der Schadensbegrenzung – etwa unter Titeln wie Takt, Humor, Ironie.

Um Erkenntnis und ethische Formvorgaben zu reflektieren, muß nicht auf ein letztes Ding (sei es Gott, sei es ein Ich) zurück-

41 Die Umkehrung, es für schlecht (bei Sade: für naturwidrig) zu halten, zwischen gut und schlecht zu unterscheiden, endet mit umgekehrten Vorzeichen in derselben Paradoxie. Eher leuchtet es dann schon ein, mit Gilles Deleuze den Gebrauch moralischer Begriffe für die höchste Form von Unmoral zu halten, weil er zwangsläufig (ein Argument vom Typ Gödel) dazu führt, nach den Motiven für den Gebrauch moralischer Begriffe zu fragen und damit die Grenzen des moralischen Diskurses zu sprengen. Siehe (ohne diese Begründung) Gilles Deleuze, Logique du sens, Paris 1969, S. 175: »Ce qui est vraiment immoral, c'est toute utilisation des notions morales, juste, injuste, mérite, faute.«

gegangen werden. Wenn man den vorstehend skizzierten Überlegungen folgt, erscheint als letzte Referenz der Reflexion nur die selbsterzeugte Unbestimmtheit, die nicht vermieden werden kann, wenn Reflexionsschleifen und damit Zeitdifferenzen in ein System eingebaut werden. Es geht also um eine Reflexion der Reflexion in nicht mehr überbietbarer Form ohne Versuch einer Begründung und deshalb auch ohne das Problem des infiniten Regresses. In der Erkenntnistheorie führt das zu einem radikalen Konstruktivismus und zur Erzeugung von nicht konsenspflichtigen Realitäten. Darin mag einer der Gründe liegen, weshalb das Verlangen nach Ethik gegenwärtig um sich greift. Nur findet man sich hier vor dem strukturgleichen Problem einer zu einfach gebauten Theorie. In beiden Bereichen, im Erkennen und Handeln, stößt man auf das Problem der selbsterzeugten Unbestimmtheit, das nur kontingent weiterbehandelt und in brauchbare Formen umgewandelt werden kann. Wenn man in dieser Lage überhaupt im Bestande der abendländischen Tradition nach Modellen für eine Lösung suchen will, dann könnte man vielleicht an das Konzept der Stoa denken, das sich mehr als einmal in unruhigen Zeiten bewährt hat, nämlich an die Weisung, in Ruhe und Würde auszuhalten, was immer sich an eigenem und fremdem Handeln abspielt.

Dirk Baecker
Nachwort

Die folgenden Überlegungen gehen davon aus, dass es Beobachter gibt. Beobachter nehmen Bezeichnungen vor. Bezeichnungen implizieren Unterscheidungen. Etwas wird im Unterschied zu etwas anderem bezeichnet. Beobachter zweiter Ordnung beobachten Bezeichnungen im Kontext von Unterscheidungen und nennen »Form« die Einheit der Differenz von Bezeichnung und Unterscheidung im dadurch hervorgebrachten Raum ihrer Möglichkeit.

Die hier zusammengestellten Aufsätze aus den letzten Lebensjahren Niklas Luhmanns sind im Zusammenhang seiner Vermutung zu lesen, die Systemtheorie sei ein Anwendungsfall einer allgemeineren mathematischen Theorie, die George Spencer-Brown mit seinem Formkalkül vorgelegt hat.[1] Die Unterscheidung zwischen System und Umwelt ist nur eine Form unter anderen möglichen Formen. Mit diesen anderen möglichen Formen kann sie daher auch verglichen werden. Die Evolutionstheorie unterscheidet Variation und Selektion, die Semiotik Zeichen und Bezeichnetes, die Medientheorie Ding und Medium, die Informationstheorie Nachricht und Auswahlbereich möglicher Nachrichten, die Wirtschaftstheorie Entscheidungen (unter Budgetrestriktionen) und Gelegenheiten (mit abnehmendem Grenznutzen), die Dekonstruktion Identität und Supplement, die Diskurstheorie Wissen und Macht und so weiter. Viele dieser Theorien arbeiten wie die Systemtheorie mit operationsfähigen Unterscheidungen, die auf einer der beiden Seiten, aber nicht auf beiden Seiten, in die Form der Unterscheidung wiedereingeführt werden können.

Luhmann folgt mit diesem Interesse einer frühen Spur. Bereits in seiner Würdigung des »Theorieprogramms« von Talcott Parsons weist er darauf hin, dass die Unterscheidung zwischen (wiederholbarer) Bezeichnung und (kreuzbarer) Unterscheidung geeignet sei, Parsons' Unterscheidung zwischen der Reproduktion und der Aus-

1 Siehe etwa Niklas Luhmann, Einführung in die Systemtheorie, hg. von Dirk Baecker, Heidelberg 2002, S. 76, und oben im Kapitel »Die Kontrolle von Intransparenz«, Abschnitt II. Andererseits sprach Luhmann im Oktober 1991 auf der Tagung »Theorie der Form« in Hamburg davon, er selbst werde den Schritt zu einer allgemeineren Theorie nicht mehr gehen.

differenzierung eines Systems zu ersetzen. Man könne so aus dem engen Schema der Kreuztabelle ausbrechen und überdies Möglichkeiten gewinnen, Selbstreferenz und Komplexität in die Theorie einzuführen.[2]

Doch zunächst einmal verdrängt das Interesse am Ausbau der Theorie sozialer Systeme mithilfe der Konzepte der Autopoiesis von Humberto R. Maturana und der Kybernetik zweiter Ordnung von Heinz von Foerster die weitere Arbeit mit dem Formkalkül. Die Theorie sozialer Systeme musste bis zu jenem Punkt entwickelt werden, an dem es Luhmann nicht nur gelang, die Reproduktion dieser Systeme aus ihrem Zerfall zu beschreiben, sondern dieser Zerfall zugleich als Modus der Verknüpfung mit anderen Systemen in der Umwelt sozialer Systeme sichtbar wurde.[3] Und parallel dazu musste eine Theorie der Gesellschaft ausgearbeitet werden, die in der Lage ist, zu beschreiben, wie die Gesellschaft als polykontexturales System in Differenz zur Umwelt zu verstehen ist: nämlich als vielfach wiederholtes und gekreuztes Verhältnis des Einschlusses und Ausschlusses sinnhafter Kommunikation.[4]

Spencer-Browns Formkalkül wurde in diesen Jahren von Luhmann immer dann angeführt, wenn es darum ging, die Unterscheidungen eines Beobachters als selbstreferenzielle Operationen zu erläutern. Die Selbstreferenz wurde mit oder ohne Verweis auf die Subjektphilosophie des deutschen Idealismus paradox verstanden, nämlich zum einen als mitgeführte Voraussetzung jeder Operation, die ein System ausdifferenziert und reproduziert, und zum anderen als Intransparenz dieser Voraussetzung. Selbstreferenzielle Systeme sind für sich selbst Black Boxes. Transparenz gewinnen sie momenthaft aus ihrer Interaktion mit ihrer Umwelt und anderen Systemen in dieser Umwelt, doch lässt sich diese Transparenz nur auf Systeme zurückrechnen, die intransparent sind und bleiben.[5]

2 Siehe Niklas Luhmann, Talcott Parsons – Zur Zukunft eines Theorieprogramms, in: Zeitschrift für Soziologie 9 (1980), S. 5-17, hier: S. 14.

3 Siehe zusammenfassend das Motto dieses Bandes und vgl. mit Referenz auf Thermodynamik und Evolutionstheorie Niklas Luhmann, Über Natur, in: ders., Gesellschaftsstruktur und Semantik: Studien zur Wissenssoziologie der modernen Gesellschaft, Frankfurt/M. 1995, S. 9-30.

4 So die »Methodologische Vorbemerkung« in: Niklas Luhmann, Die Gesellschaft der Gesellschaft, Frankfurt/M. 1997, Abschnitt I. II., S. 36 ff.

5 Im Sinne von Ranulph Glanville, Inside Every White Box There Are Two Black

Darüber hinaus verwendete Luhmann das Konzept der Form einer Unterscheidung für wissenssoziologische Studien zur Semantik der Moderne und für Untersuchungen der Frage, welche dieser Semantiken wiedereintrittsfähig sind und damit ihre eigenen Voraussetzungen reflektieren können und welche nicht.[6] Der Formkalkül nahm in der Arbeit Luhmanns eine umso bedeutendere Stellung ein, je mehr sich herausstellte, dass er zwei scheinbar weit auseinanderliegende Fragestellungen simultan zu bearbeiten vermochte, nämlich zum einen die empirische Frage nach dem kommunikativen Sinn des Einschlusses des Ausgeschlossenen und zum anderen die theoretische Frage nach der Entfaltung von Paradoxien der Selbstreferenz.[7] Die Einsicht, dass auch Nichtwissen kommuniziert werden kann, ja häufig erst der Anlass zur Kommunikation ist,[8] wird zur Antwort auf die Frage, warum Paradoxien den Betrieb der Kommunikation nicht einfach lahmlegen. Und umgekehrt kann man sich die Beschäftigung mit diesen Paradoxien leisten, weil man weiß, dass sich das Tun, Handeln und Erleben von ihnen nicht aufhalten lässt.[9]

Es ist unklar, inwieweit Luhmann die *Laws of Form* von Spencer-Brown tatsächlich zur Gänze gelesen hat. Er orientierte sich an

Boxes Trying to Get Out, in: Behavioral Science 27 (1982), S. 1-11 (wiederabgedruckt in: ders., Black B∞x, Bd. 1: Cybernetic Circles, Wien 2012, S. 439-453).

6 Siehe etwa Niklas Luhmann, »Distinctions directrices«: Über Codierung von Semantiken und Systemen, in: ders., Soziologische Aufklärung, Bd. 4: Beiträge zur funktionalen Differenzierung der Gesellschaft, Opladen 1987, S. 13-31; ders., Frauen, Männer und George Spencer Brown, in: Zeitschrift für Soziologie 17 (1988), S. 47-71; ders., Europäische Rationalität, in: ders., Beobachtungen der Moderne, Opladen 1992, S. 51-91; ders., Deconstruction as Second-Order Observing, in: New Literary History 24 (1993), S. 763-782.

7 Siehe hierzu insbesondere Niklas Luhmann, Die Paradoxie der Form, in: Dirk Baecker (Hg.), Kalkül der Form, Frankfurt/M. 1993, S. 197-212; und ders., Probleme mit operativer Schließung, in: Soziologische Aufklärung, Bd. 6: Die Soziologie und der Mensch, Opladen 1995, S. 12-24.

8 »Man kennt sich mit sich selbst und mit anderen nicht aus, deshalb wird geredet, geschrieben, gedruckt, gefunkt«, so Niklas Luhmann, Organisation und Entscheidung, Opladen 2000, S. 377.

9 Siehe auch Niklas Luhmann, Sthenographie und Euryalistik, in: Hans Ulrich Gumbrecht/K. Ludwig Pfeiffer (Hg.), Paradoxien, Dissonanzen, Zusammenbrüche: Situationen offener Epistemologie, Frankfurt/M. 1991, S. 58-82. Euryale ist neben Stheno und Medusa jene der drei Gorgonenschwestern, die den belohnt, der sie nicht beobachtet.

kybernetischen und systemtheoretischen Lektüren.[10] Kritiker werfen ihm vor, sich nur auf Anfang und Ende des Kalküls zu beziehen, als »Form« der Unterscheidung zu lesen, was tatsächlich erst ihre »Struktur« ist, und somit zu früh dort asymmetrische Unterscheidungen zu sehen, wo zunächst einmal symmetrische zu sehen wären.[11] So werde verkannt, dass die Form im Kalkül letztlich auf die Leere reduziert werden kann, und so bleibe unklar, mit welchem Verständnis von Negation der Kalkül und seine Anwendung arbeitet.[12] Diese Kritik übersieht, dass es Luhmann ganz im Gegenteil von Anfang an darum geht, jede Unterscheidung als eine »Verletzung« des *unmarked space* durch einen Beobachter zu verstehen und ihr somit die vorausgehende beziehungsweise durch Kreuzen der Unterscheidung wieder zu erreichende Ununterschiedenheit (»Leere«) gegenüberzustellen.[13] Und sie übersieht, dass das Inter-

10 Insbesondere an Heinz von Foerster, Laws of Form, in: Whole Earth Catalog, Spring 1969, S. 14, dt. Übersetzung in Dirk Baecker (Hg.), Kalkül der Form, Frankfurt/M. 1993, S. 9-11; Ranulph Glanville und Francisco J. Varela, Your Inside is Out and Your Outside is In, in: G. E. Lasker (Hg.), International Congress on Applied Systems Research and Cybernetics, Bd. 6, New York 1981, S. 638-641 (wiederabgedruckt in: Ranulph Glanville, Black B∞x, Bd. 1: Cybernetic Circles, Wien 2012, S. 479-482); und Louis H. Kauffman, Self-Reference and Recursive Forms, in: Journal of Social and Biological Structures: Studies in Human Sociobiology 10 (1987), S. 53-72.

11 So Katrin Wille, Gendering George Spencer Brown? Die Form der Unterscheidung und die Analyse von Unterscheidungsstrategien in der Genderforschung, in: Christine Weinbach (Hg.), Geschlechtliche Ungleichheit in systemtheoretischer Perspektive, Wiesbaden 2007, S. 1-50, hier: S. 17 f. Der Einwand ist eine Anspielung auf Ludwig Wittgenstein, Tractatus logico-philosophicus, Frankfurt/M. 1963, Sätze 2.032 und 2.033: Form als »Möglichkeit der Struktur«. Vgl. ferner Katrin Wille, Hegel über Unterscheidungen als Unterscheidungen: Eine unterscheidungstheoretische Lektüre der *Phänomenologie des Geistes*, in: Wolfgang Neuser/Sönke Roterberg (Hg.), Systemtheorie, Selbstorganisation und Dialektik: Zur Methodik der Hegelschen Naturphilosophie, Würzburg 2012, S. 51-78 (hier: S. 74 ff.); sowie Boris Hennig, Luhmann und die Formale Mathematik, in: Peter Ulrich Merz-Benz/Gerhard Wagner (Hg.), Die Logik der Systeme: Zur Kritik der systemtheoretischen Soziologie Niklas Luhmanns, Konstanz 2000, S. 157-198; und Tatjana Schönwälder-Kuntze/Katrin Wille/Thomas Hölscher, George Spencer Brown: Eine Einführung in die »Laws of Form«, 2. überarb. Aufl., Wiesbaden 2009, S. 257 ff.

12 Wille, Gendering Spencer Brown?, a. a. O., S. 33 ff.

13 Nicht umsonst war Luhmann auch an den Praktiken der Erleuchtung in Mystik

esse an einer nicht nur binären, sondern generalisierbaren, sich auf Unbestimmtes, aber Bestimmbares beziehenden Negation in den Arbeiten Luhmanns schon früh die Perspektive definiert, unter der auch Spencer-Browns Ideen rezipiert werden konnten.[14]

In den letzten Jahren der Arbeit an seiner Theorie zählt das Formkalkül gleichrangig mit Heinz von Foersters Kybernetik zweiter Ordnung und Gotthard Günthers mehrwertiger Logik zu den drei Theorieressourcen, die es ermöglichen, die Idee der operativen Schließung von Systemen zu formulieren und mit den Folgen dieser Idee umzugehen.[15] Die im vorliegenden Band versammelten Aufsätze erlauben es, dem Gedankengang Luhmanns nahezu Schritt für Schritt, wenn auch mit immer wieder etwas anders ansetzenden Problemstellungen zu folgen. Luhmann bewegt sich auf der Spur einer Verallgemeinerung der Systemtheorie zu einer Theorie der Beobachtung, ohne noch die Zeit zu haben, die Konsequenzen auszuarbeiten. Liest man die Kapitel dieses Bandes, bekommt man eine Ahnung davon, wohin die Reise hätte gehen können. Diese Ahnung sollte jedoch nicht mit einem Wissen verwechselt werden. Solange man von Bezeichnungen und Unterscheidungen spricht und darunter die Operationen eines Beobachters versteht, ist die Systemtheorie als Theorie der Ausdifferenzierung und Reproduktion dieses Beobachters so unverzichtbar und grundlegend wie der Formkalkül. Bis heute ist es schwer zu sagen, ob die allgemeinere Theorie sich nicht wiederum als ein Sonderfall der verallgemeinerten herausstellt.[16] Mit seltsamen Schleifen und verwickel-

und Zen-Buddhismus interessiert. Siehe Niklas Luhmann/Peter Fuchs, Reden und Schweigen, Frankfurt/M. 1989.

14 Siehe Niklas Luhmann, Über die Funktion der Negation in sinnkonstituierenden Systemen, in: Harald Weinrich (Hg.), Positionen der Negativität. Poetik und Hermeneutik, Bd. VI, München 1975, S. 201-218; ders., Negierbarkeit, in: ebd., S. 460-462; und vgl. zur Interpretation des Spencer-Brown'schen *cross* als universeller, nicht etwa nur binärer Negation G. Spencer Brown, Design with the NOR, unpubl. Memo für Mullard Equipment Limited, London 1961.

15 Siehe etwa die bündige Zusammenstellung der drei Theorien in Niklas Luhmann, Die Politik der Gesellschaft, hg. von André Kieserling, Frankfurt/M. 2000, S. 107-109.

16 Siehe auch Peter Fuchs, Die Metapher des Systems: Studien zur allgemein leitenden Frage, wie sich der Tänzer vom Tanz unterscheiden lasse, Weilerswist 2001; ders., Der Sinn der Beobachtung: Begriffliche Untersuchungen, Weilerswist 2004; ders, DAS Sinnsystem: Prospekt einer sehr allgemeinen Theorie, Weilers-

ten Hierarchien dieser Art rechnet Luhmanns Theorie durchweg, ebenso wie mit unveränderlichen, also unverletzbaren Ebenen, die in diesen Verwicklungen unbeobachtbar mitlaufen.[17] Luhmann hat immer Wert darauf gelegt, die Theorieanlage beweglich genug zu halten, um sie gleichsam aus jedem ihrer Grundbegriffe heraus neu starten zu können.[18]

Im Kapitel »Erkenntnis als Konstruktion« wird, zunächst bezogen auf »Erkenntnis«, dann jedoch mit einem Verständnis von »Kognition«, das jede beobachtungsfähige komplexe Einheit (von der Zelle über den Organismus, das Immunsystem und das Gehirn bis zum Bewusstsein und zur Kommunikation) betrifft, dafür geworben, die Unterscheidung zwischen Subjekt und Objekt durch die Unterscheidung zwischen System und Umwelt zu ersetzen. Die Unterscheidung zwischen Subjekt und Objekt hat den Vorteil, dass sie sowohl das Subjekt der Erkenntnis als auch ihr Objekt umfasste, doch dieser Vorteil verwandelt sich in einen Nachteil, da sie es offen lässt, wie das eine, das Subjekt, das andere, das Objekt, erreichen kann. Mit einer subjektorientierten Erkenntnistheorie, die den Träger der Erkenntnis benennt, wird daher zugleich unklar, wie man von dort zu irgendeiner Art von Realität kommt, die sich nicht wiederum in der Subjektivität des Subjekts, einmal angenommen, diese ließe sich erkennen, erschöpft. Mit einer kontraintuitiven Wendung ohnegleichen, die jedoch die gesamten Neurowis-

wist 2015; Dirk Baecker, Form und Formen der Kommunikation, Frankfurt/M. 2005; ders., Beobachter unter sich: Eine Kulturtheorie, Berlin 2013; Athanasios Karafillidis, Soziale Formen: Fortführung eines soziologischen Programms, Bielefeld 2010; Maren Lehmann, Theorie in Skizzen, Berlin 2011; und vgl. die Diskussion in Dirk Baecker (Hg.), A Mathematics of Form, A Sociology of Observers. Cybernetics & Human Knowing 20, Exeter, UK 2013.

17 Beides, die seltsame Schleife oder verwickelte Hierarchie wie auch die unverletzbare Ebene, im Sinne von Douglas R. Hofstadter, Gödel, Escher, Bach: ein Endloses Geflochtenes Band, dt. Stuttgart 1985, S. 734 ff. Hier auch der Verweis auf zwei Kandidaten für diese Ebene: das Gehirn und die künstliche Intelligenz. Siehe, Luhmann vergleichbar, auch Yves Barel, Le paradoxe, dix ans après, in: ders., Le paradoxe et le système: Essai sur le fantastique social, neue Ausgabe, Grenoble 1989, S. 275-329.

18 Claus-Artur Scheier, Luhmanns Schatten: Zur Funktion der Philosophie in der medialen Moderne, Hamburg 2016, empfiehlt einen Neustart auf der Basis des Funktionsbegriffs, kombiniert mit der Einsicht in die Komplexität aller Sinnzusammenhänge.

senschaften (soweit diese sich von der operativen Schließung des Gehirns Rechenschaft ablegen) hinter sich hat,[19] schlägt Luhmann vor, statt vom Subjekt von geschlossenen Systemen auszugehen, die die Realität nur erreichen, *indem sie sich von ihr abkoppeln*. Der unmögliche Zugang zur Wirklichkeit wird ersetzt durch Unterscheidungen, die das eine im Unterschied zum anderen zu bezeichnen erlauben und dafür strikt selbstreferenziell nur die Ressourcen des Systems in Anspruch nehmen. Sogar das, was sich in der Wirklichkeit, folgt man Physikern und Chemikern, wirklich unterscheiden lässt, nämlich Diskontinuitäten, Kontraste, Variabilitäten, wird gerade *nicht* genutzt, so Luhmann, weil das System andernfalls keine Beweglichkeit in der Wirklichkeit und ihr gegenüber gewinnen kann.

Die Leitfrage dieses ersten Kapitels heißt: Wie ist Schließung möglich? Eine erste Antwort lautet: durch Einschließung, das heißt durch eine Operation, die zwei Seiten hat, eine Innenseite und eine Außenseite, und daran anschließend Bezeichnungen vornehmen kann, die die Außenseite oder die Innenseite betreffen, eine Fremdreferenz oder eine Selbstreferenz in Anspruch nehmen.

Schon mit diesen ersten Setzungen zwingt sich die Beobachtung auf die Ebene einer Beobachtung zweiter Ordnung, weil sie Bezeichnung und Unterscheidung im Zusammenhang der Form bezeichnet. »We take as given the idea of distinction and the idea of indication, and that we cannot make an indication without drawing a distinction. We take, therefore, the form of distinction for the form«, heißt es in den ersten Sätzen des Kalküls von Spencer-Brown.[20] Luhmann hat immer wieder darauf hingewiesen, dass damit eine Einheit, die Operation der Unterscheidung, als eine Zweiheit, als Unterscheidung-und-Bezeichnung, definiert wird und dass damit das Problem einer Paradoxie gestellt wird, das erst zum Schluss des Kalküls, beim Wiedereintritt der Unterscheidung

19 Siehe auch Dirk Baecker, Neurophysiologie und die Folgen, in: Heiner Hastedt (Hg.), Macht und Reflexion. Deutsches Jahrbuch Philosophie, Bd. 6, Hamburg 2016, S. 267-283.

20 George Spencer Brown, Laws of Form (1969), 5. Aufl., Leipzig 2008, S. 1. [»Wir nehmen die Idee der Unterscheidung und die Idee der Bezeichnung als gegeben an, und daß wir keine Bezeichnung vornehmen können, ohne eine Unterscheidung zu treffen. Wir nehmen daher die Form der Unterscheidung für die Form.« Gesetze der Form, dt. Lübeck 1997, S. 1.]

in die Form der Unterscheidung, aufgelöst werden kann.[21] Am Ende des Kalküls zeigt sich, dass bereits der Anfang in eine Beobachtung zweiter Ordnung, die Beobachtung des Beobachters beim Beobachten, eingehängt ist. »We see now that the first distinction, the mark, and the observer are not only interchangeable, but, in the form, identical«, heißt es im letzten Satz des Kalküls.[22]

Im zweiten Kapitel des vorliegenden Bandes, »Gibt es ein ›System‹ der Intelligenz?«, wird die Titelfrage zwar verneint, doch dafür wird Intelligenz als ein Medium beschrieben, in dem genau das möglich ist, was das erste Kapitel bereits getan hat: die Entfaltung einer Paradoxie ausgehend von der Frage nach der Einheit einer Unterscheidung. Luhmanns Verhältnis zur Intelligenz ist ein ironisches, allenfalls vorsichtiges. »›Intelligenz‹«, so hat er einmal definiert,[23] »ist die Bezeichnung dafür, daß man nicht beobachten kann, wie es zustande kommt, daß das selbstreferenzielle System im Kontakt mit sich selbst die eine und nicht die andere Problemlösung wählt.« Intelligenz ist eines von vielen – im nächsten Kapitel werden wir die »Kausalität« kennenlernen – Schemata zur Behandlung von Nichtwissen, immerhin jedoch ein Schema, das als Problemlösung gewertet werden kann.[24] Und doch könnte die Beschreibung der Funktion dieses Mediums für Luhmanns Theorie zentraler nicht sein. Intelligenz ist das Medium, in dem die Beobachtung der Einheit von Unterscheidungen möglich ist, und Intelligenz ist das Medium, das aus dem Zerfall von Formen, in denen diese Beobachtung möglich ist, allererst entsteht.[25] Stellt man die soziologische Frage, in welchen Formen dies empirisch

21 Siehe Luhmann, Die Paradoxie der Form, a. a. O.; und vgl. Dirk Baecker, Im Tunnel, in: ders. (Hg.), Kalkül der Form, a. a. O., S. 12-37.

22 Laws of Form, a. a. O. (1969), S. 63. [»Nun sehen wir, daß die erste Unterscheidung, die Markierung und der Beobachter nicht nur austauschbar sind, sondern, in der Form, identisch.« Gesetze der Form, a. a. O., S. 66.]

23 Niklas Luhmann, Soziale Systeme: Grundriß einer allgemeinen Theorie, Frankfurt/M. 1984, S. 158.

24 Siehe auch W. Ross Ashby, What is an Intelligent Machine?, in: ders., Mechanisms of Intelligence: Ross Ashby's Writings on Cybernetics, hg. von Roger Conant, Seaside, Cal. 1981, S. 295-306, mit der Definition von »Intelligenz« als »power of appropriate selection« (S. 295).

25 So mit der Unterscheidung zwischen loser Kopplung (Medium) und fester Kopplung (Ding) Fritz Heider, Ding und Medium (1926), Nachdruck Berlin 2005.

bislang gelungen ist und vorkommt, kann man mit Luhmann die Religion (Auflösung von Unterschieden) und die Kunst nennen (Überschreitung von Grenzen), man wird jedoch auch das nennen müssen, was landläufig unter dem Titel »Theorie« betrieben wird.

Auch die Theorie ist eine Antwort auf das Problem, dass Einheit nicht anders als paradox beschrieben werden kann, da für jede Einheit eine Unterscheidung vorausgesetzt werden muss. Die Religion entzieht Gott der Beobachtung, und die Kunst adressiert jene subjektiven Wahrnehmungen, die sie als bloß subjektive leugnet, indem sie sie adressiert und zum Gegenstand von Kommunikation macht.[26] Wie steht es im Verhältnis dazu mit der Theorie? Luhmann beschreibt »Intellektuelle« als Spezialisten für die Formulierung von Paradoxien, mit denen man in den Massenmedien Aufmerksamkeits- und Erregungswerte erzielen kann, die immerhin, folgt man wiederum Luhmann,[27] Verschiebungen im Verhältnis von Information und Nichtinformation bewirken können. Wie würde man »Theoretiker« beschreiben? Welche Funktion erfüllen sie?

Theorien als Formen im Medium der Intelligenz sind Formen der Überprüfung des Wirklichkeitsgehalts einer entfalteten Paradoxie, das heißt Formen der Reflexion von Intelligenz. Da für sie selbst gilt, was sie an entfalteten Paradoxien erproben, sie sich also nicht aus ihrem Gegenstandsbereich herausnehmen können, gilt für sie immer und in jedem Fall: »deconstruction is the case«.[28] Die einzig verlässliche Wirklichkeit ist jene, die sich innerhalb einer Theorie als Produkt – wiederum ein Medium – ihrer Selbstzerlegung beobachten lässt. Nichts ist daher gefährlicher als eine Intelligenz der Auswertung von Daten, die auf Theorien verzichten zu können glaubt.[29] Sie macht sich blind gegenüber einer Wirklichkeit, die nicht einmal *als*, sondern nur *an* einer Differenz zu den

26 In der Hochkultur erweist sich Kunstgenuss daran, dass man schweigt und wissend vergleicht, bis der Impressionismus, so André Malraux, Das imaginäre Museum, dt. Baden-Baden o. J. [1949], auch den Vergleich kassiert.

27 Information/Nichtinformation ist der Code der Massenmedien laut Niklas Luhmann, Die Realität der Massenmedien, 2., erw. Aufl., Opladen 1996.

28 Im Sinne von Jacques Derrida, Einige Statements und Binsenweisheiten über Neologismen, Newismen, Post-Ismen, Parasitismen und andere kleine Seismen, dt. Berlin 1997.

29 Im Sinne von Chris Anderson, The End of Theory: The Data Deluge Makes the Scientific Method Obsolete, in: Wired Magazine, 23. Juni 2008.

errechneten Daten erkennbar ist. Sollte eine »Superintelligenz«, die alle menschlichen Standards sprengt, nur noch auf eine »functional soup« (Medium) von »teleological threads« (Formen) angewiesen sein,[30] ist es umso wichtiger, über Theorien zu verfügen, die überwachen und dekonstruieren können, welche funktionalen und teleologischen Annahmen hier jeweils zugrunde liegen.

Es liegt auf der Hand, dass ein erster Schritt solcher Theorien darin besteht, die Annahme »menschlicher« Standards zu überprüfen. Denn was ist hier gemeint? Will man tatsächlich davon ausgehen, dass es sich *nicht* lohnt, eine neuronale, mentale und soziale Intelligenz zu unterscheiden? Will man *nicht* davon ausgehen, dass diesen Intelligenzen unterschiedliche Formen der Verwicklung in und Entfaltung von Paradoxien zugrunde liegen? Hätte eine Theorie, die von einem Medium der Intelligenz im skizzierten Sinn ausgeht, nicht als ihren ersten Gegenstand die Einheit der Differenz von neuronaler, mentaler und sozialer Intelligenz zu überprüfen? In der Immunologie glaubt man, einen Kandidaten für die Einheit dieser Differenz gefunden zu haben.[31] Aber was heißt das? Und was heißt es für die Suche nach Möglichkeiten einer künstlichen Intelligenz?

Wenn man glaubt, das dritte Kapitel des vorliegenden Bandes unter der Überschrift »Das Risiko der Kausalität« würde eine Art Verschnaufpause vom Umgang mit Paradoxien bieten, weil es um die vertrauteren Fragen der Leistungsfähigkeit von Kausalitätsannahmen in der wissenschaftlichen Forschung und damit in einem in diesem Punkt wissenschaftsgläubigen modernen Weltbild geht, stimmt das zunächst einmal.[32] Kausalität ist ein Beobachtungsmedium von Wirklichkeit, das mit Paradoxien zunächst einmal nichts zu tun hat. Das gilt zumindest dann, wenn man nicht über den Hinweis von Gregory Bateson stolpert, dass eine Ursache noch nicht die Wirkung *ist*, so dass irgendetwas (eine weitere Ursache?)

30 So Nick Bostrom, Superintelligence: Paths, Dangers, Strategies, Oxford 2014, S. 133.

31 Vgl. Roberto Esposito, Immunitas: Schutz und Negation des Lebens, dt. Berlin 2004.

32 Luhmann wies mich nach dem Abschluss meines Habilitationsverfahrens an der Universität Bielefeld darauf hin, ich müsse mich zwischen »Intelligenz« und »Forschung« entscheiden. Eine weitere Möglichkeit ist die Suche nach der Einheit auch dieser Differenz.

zwischen Ursache und Wirkung vermitteln muss.[33] Luhmann geht jedoch einen Schritt weiter, indem er nicht etwa annimmt, Kausalität sei bereits deswegen ein Beobachtungsmedium, weil sie Ursachen auf Wirkungen und umgekehrt zu beziehen erlaubt. Dann könnte man ja annehmen, mit diesem Beobachtungsmedium sei die Beobachtung von Wirklichkeit auf einem direkten Wege möglich und seien somit alle Komplikationen einer Erkenntnistheorie, ganz zu schweigen von Systemtheorie und Formkalkül, müßig.

Nein, zum Beobachtungsmedium wird Kausalität erst in dem Moment, indem man sich darüber Rechenschaft abgibt, dass in diesem Medium zwei Endloshorizonte aufeinander bezogen werden: der Endloshorizont möglicher Ursachen und der Endloshorizont möglicher Wirkungen. Es bleibt dabei, dass zwischen diesen beiden Horizonten Wirklichkeit beobachtbar ist. Allerdings ist sie nicht unvermischt beobachtbar. Sondern beobachtbar ist sie nur, weil zusammen mit ihr und in ihr jener Beobachter beobachtbar wird, der aus diesen beiden Endloshorizonten bestimmte Ursachen und bestimmte Wirkungen herausfiltert und aus ihnen unter Ausschluss aller anderen ein Phänomen erklärt.[34] Vor die Wirklichkeit schiebt sich ihr Beobachter; und ich bin nur insofern einen Schritt weiter, als ich mit diesem nun explizit rechnen kann, aber auch muss. Meine Wirklichkeit ist die Wirklichkeit von Beobachtern, von denen ich selbst, als Wissenschaftler und Radfahrer, ebenfalls einer bin.

Wir operieren damit wiederum auf der Ebene einer Beobachtung zweiter Ordnung und ahnen, dass es anders nicht geht. Tatsächlich fällt es nicht schwer, Luhmanns Fassung der Kausalität als Beobachtungsmedium mit zwei Endloshorizonten auf ähnliche Fälle zu übertragen.[35] Auch Rationalität kann man als ein Beob-

33 So in Gregory Bateson, Geist und Natur: Eine notwendige Einheit, dt. Frankfurt/M. 1982, S. 138.

34 Siehe auch Niklas Luhmann, Die Voraussetzung der Kausalität, in: ders./Karl Eberhard Schorr (Hg.), Zwischen Technologie und Selbstreferenz: Fragen an die Pädagogik, Frankfurt/M. 1982, S. 41-50; und ders., Kausalität im Süden, in: Soziale Systeme 1 (1995), S. 7-28.

35 Siehe auch Dirk Baecker, Komposition im medialen Raum, in: Marianne Ertl/Werner Korn/Albert Müller (Hg.), Ranulph Glanville – Architecture | Art | Cybernetics | Design: London and the 1960s, Wien 2016, S. 23-32. – Vgl. zur Idee der »deux infinis« des unvorstellbar Großen und unvorstellbar Kleinen, zwischen denen sich der Mensch in einer prekären Mitte bewegt, bereits Blaise Pascal, Pensées. Œuvres complètes, hg. von Jacques Chevalier, Paris 1954, S. 1079-1345, hier:

achtungsmedium beschreiben, das die beiden Endloshorizonte der Zwecke und Mittel aufeinander zu beziehen erlaubt. Glaubte man einst, dass die Differenz von Mittel und Zweck die Dinge so vernünftig zu ordnen erlaube, dass schließlich nur noch ein »Gehäuse der Hörigkeit« (Max Weber) der Menschen Heimstatt ist, so hat man inzwischen erkannt, dass die wechselseitige Beweglichkeit von Mitteln und Zwecken eher den Sand der Verhältnisse beschreibt, in den Politik und Wirtschaft, Wissenschaft und Kunst, Religion und Erziehung ihre Kalküle zeichnen können. Die ökonomische Theorie hat daraus die Konsequenz gezogen, Rationalität als Medium zu fassen, in dem Beobachter Beobachter daraufhin beobachten, welche Zwecke und Mittel voraussichtlich – abhängig von Interessen, Motiven, Risikoaversion – gewählt werden und wie sehr die Selektionen der Beobachter voneinander abweichen oder umgekehrt einem »common knowledge« (eingebettet in eine »common ignorance«) entsprechen.[36]

In ähnlicher Weise bezieht die Denkfigur der Funktionalität die beiden Endloshorizonte der Problemstellung und Problemlösung aufeinander. Auch sie wird dadurch zu einem Beobachtungsmedium, das sich zum einen in den Verhältnissen bewährt und zum anderen die Entscheidungen eines Beobachters auffällig werden lässt, diese und keine anderen Probleme und Lösungen aufeinander zu beziehen. Im *design thinking* wird dies als Voraussetzung einer kreativen und innovativen Auseinandersetzung zwischen einem Designer und seiner »Situation« gefeiert,[37] doch kann es gut sein, dass man dabei unterschätzt, welche Restriktionen nicht aus der Sache, sondern aus der Beobachtung zweiter Ordnung resultieren.[38]

S. 1105 ff. Entitäten oder Operationen, denen es gelingt, die beiden Endloshorizonte ineinander zu spiegeln, nennt Leibniz Monaden. Siehe Gottfried Wilhelm Leibniz, Double infinité chez Pascal et Monade, in: ders., Textes inédits d'après les manuscrits de la Bibliothèque de Hanovre, hg. von Gaston Grua, 2 Bde., Bd. 2, Paris 1948, S. 553-555.

36 So Kenneth J. Arrow, Rationality of Self and Others in an Economic System, in: Robin M. Hogarth/Melvin W. Reder (Hg.), Rational Choice: The Contrast between Economics and Psychology, Chicago, Ill. 1987, S. 201-215.

37 Siehe Peter G. Rowe, Design Thinking, Cambridge, Mass. 1987, im Anschluss an Allen Newell/John C. Shaw/Herbert A. Simon, Elements of a Theory of Human Problem Solving, in: Psychological Review 65 (1958), S. 151-166; sowie Allen Newell/Herbert A. Simon, Human Problem Solving, Englewood Cliffs, N. J., 1971.

38 Ob man diese Restriktionen mit Plädoyers für Humanität und Empathie über-

Auch der Begriff der Komplexität lässt sich so entfalten. Wenn man, orientiert am mathematischen Sprachgebrauch der Bestimmung komplexer Zahlen als entweder reell oder imaginär, Sachverhalte als »komplex« definieren darf, die aus Dimensionen bestehen, die inkommensurabel (»orthogonal«) zueinander stehen, das heißt aufeinander nicht reduziert werden können,[39] dann wäre Komplexität ein Beobachtungsmedium, in dem zwei und mehr Endloshorizonte jeweils autonome, aber ergänzungsbedürftige Teile aufeinander zu beziehen erlauben, um zusammen ein ebenfalls autonomes, aber nach wie vor ergänzungsbedürftiges Ganzes zu konstituieren. Man denke an Theorien, die versuchen, Monaden, Gestalten, Holone, Tropen, vielleicht auch Rhizome genauer zu bestimmen.[40]

Und möglicherweise gilt dies sogar für den Begriff des Systems. Immanuel Kant hatte den Begriff ja bereits so gefasst: Systeme erlauben es, Teile und Ganze wie Mittel und Zwecke aufeinander zu beziehen und als Apriori nur zu setzen, dass ein Zweck identifiziert werden kann.[41] An der Kunst, Systeme zu synthetisieren, erweist sich jene dritte und letzte Stufe einer Übung der Vernunft, die nicht nur unbedingt das Subjekt setzt (1. Stufe) und unbedingt, wenn auch rhapsodisch, eine Anordnung von Gliedern zu einer Reihe vornimmt (2. Stufe), sondern wissenschaftlich darüber Auskunft geben kann, welche Teile eines Ganzen voneinander unterschieden werden (disjunktive Synthesis), um daran anschließend die Architektur eines Systems zu untersuchen.[42]

winden kann und nicht eher unterstreicht, wäre zu überprüfen. Siehe Ulf Brandes/Pascal Gemmer/Holger Koschek/Lydia Schültken, Management Y: Agile, Scrum, Design-Thinking & Co.: So gelingt der Wandel zur attraktiven und zukunftsfähigen Organisation, Frankfurt/M. 2014.

39 Eine Formulierung vor dem Hintergrund der modernen Annahme einer gebrochenen Kontinuität des Seins.

40 Siehe Gottfried Wilhelm Leibniz, Monadologie (1714), Stuttgart 1979; Gabriel Tarde, Monadologie und Soziologie (1893), dt. Frankfurt/M. 2008; Christian von Ehrenfels, Über »Gestaltqualitäten«, in: Vierteljahresschrift für wissenschaftliche Philosophie und Soziologie 14 (1890), S. 249-292; Arthur Koestler, The Ghost in the Machine, New York 1968, S. 45 ff.; Jurij M. Lotman, Die Innenwelt des Denkens: Eine semiotische Theorie der Kultur, dt. Frankfurt/M. 2010, S. 10 f.; Gilles Deleuze/Félix Guattari, Rhizom, dt. Berlin 1977.

41 Siehe Immanuel Kant, Kritik der reinen Vernunft, Frankfurt/M. 1968, B 860 f.

42 Ebd., B 379.

Ich bin mir nicht sicher, ob sich an dieser synthetischen Fassung des Systembegriffs je etwas geändert hat. Man hat die Teleologie, die den Zweck kosmologisch (aristotelisch) allem anderen vorordnet, auf eine Teleonomie zurückgenommen, die das System mit einem variablen, kontingent gesetzten und evolutionär bewährten Zweck identifiziert.[43] Man hat, wie Luhmann dies nachgezeichnet hat,[44] die Unterscheidungen von Teil und Ganzem sowie von Element und Relation gegen die Unterscheidung von Identität und Differenz ausgetauscht, damit aber nur unterstrichen, dass das eine als das andere gesehen werden muss, wenn beides sich als System ausdifferenzieren und reproduzieren können soll.[45]

Die beiden Endloshorizonte sind hier System und Umwelt. Sie umfassen alles, was als Differenz infrage kommt, um eine Identität zu unterscheiden und zu wiederholen, wenn und insofern man (ein Beobachter) unterstellen möchte, dass diese Identität selbstreferenziell in der Lage ist, die beiden Horizonte nach passenden Elementen abzusuchen.

Die Unterstellung von Selbstreferenz ist, wie man weiß, die Sollbruchstelle in der Systemtheorie. Empirisch nachweisen kann man sie nicht, da ihre Pointe darin besteht, in jeder Unterscheidung (als Unterscheidung eines Beobachters) mitzulaufen und sich im Gegenstand ebenso wie in der Beobachtung der Beobachtung zu

43 Siehe nur Arturo Rosenblueth/Norbert Wiener/Julian Bigelow, Behavior, Purpose and Teleology, in: Philosophy of Science 10 (1943), S. 18-24; Colin S. Pittendrigh, Adaptation, Natural Selection, and Behavior, in: Anne Roe/George Gaylord Simpson (Hg.), Behavior and Evolution, New Haven, Conn. 1958, S. 390-416; Ernst Mayr, Teleological and Teleonomic: A New Analysis, in: Robert S. Cohen/Marx W. Wartofsky (Hg.), Methodological and Historical Essays in the Natural and Social Sciences. Boston Studies in the Philosophy of Science, Bd. XIV, Dordrecht 1974, S. 91-117.

44 Soziale Systeme, a. a. O., S. 15 ff.

45 Ebd., S. 28 f.: »Es geht nicht um Anpassung, es geht nicht um Stoffwechsel, es geht um einen eigenartigen Zwang zur Autonomie, der sich daraus ergibt, daß das System in jeder, also in noch so günstiger Umwelt schlicht aufhören würde zu existieren, wenn es die momenthaften Elemente, aus denen es besteht, nicht mit Anschlußfähigkeit, also mit Sinn, ausstatten und so reproduzieren würde. Dafür kann es verschiedene Strukturen geben; aber nur solche, die sich gegen diesen radikalen Trend zur sofortigen (nicht nur: zur allmählichen, entropischen) Auflösung durchsetzen können.« Siehe erneut die Zusammenfassung der sich aus dieser programmatischen Perspektive ergebenden Theorie im Motto dieses Bandes.

entziehen.[46] Ihr Sinn – und damit wären wir wieder bei den Beiträgen in diesem Band – besteht darin, den Beobachter mit einer unabweisbaren Intransparenz zu konfrontieren, sei es als Komplexität eines Weltsachverhalts, sei es als Unbestimmbarkeit eines Systems. Dem weiter nachzugehen erfüllt zwar den Sinn des Konzepts, nämlich nach Anschlussoperationen zu suchen, führt jedoch zu keiner greifbaren Klärung, sondern immer wieder auf dasselbe Problem.

Ersatzweise halten wir uns daher an die Mengenlehre und definieren im Anschluss an Bertrand Russell Selbstreferenz als Definition einer Einheit mithilfe eines Ganzen, dem es selbst angehört.[47] Der Gewinn dieser Definition ist, dass sie, systemtheoretisch gewendet, den Verweis auf die Umwelt des Systems, insofern er das System als von dieser Umwelt unterschieden zu bezeichnen erlaubt, in die Referenz des Systems auf sich hineinholt. Selbstreferenz ist die Beobachtung der System/Umwelt-Differenz im System, eben: Bestimmung einer Identität durch Differenz. Empirisch informativ und instruktiv wird dies in dem Moment, in dem man sich wiederum an der Mengenlehre orientiert und das Verhältnis von Teil und Ganzem (System und Umwelt) hierarchisch denkt – allerdings »hierarchisch« nicht im Sinne einer Rangordnung, sondern (a) im Sinne einer Inklusion, einer Verschachtelung von Schachteln in Schachteln,[48] (b) im Sinne einer hierarchischen Opposition, das heißt einer Verschränkung von Teil und Ganzem im Modus der Negativität,[49] und (c) dies, (a) und (b), gleichzeitig.[50]

Im Kapitel »Zeit und Gedächtnis« entwickelt Luhmann dazu passend eine Vorstellung, die die von ihm propagierte Vorstellung

46 Siehe Luhmann, Soziale Systeme, a. a. O., S. 604 ff.; vgl. Hilary Lawson, Reflexivity: The Post-modern Predicament, London 1985. Siehe auch Dirk Baecker, Es gibt keine sozialen Systeme, in: ders., Wozu Theorie? Aufsätze, Berlin 2016, S. 194-209.

47 So Abraham A. Fraenkel/Yehoshua Bar-Hillel/Azriel Levy, Foundations of Set Theory, 2. Aufl., Amsterdam 1973, S. 11. Nimmt man die Ebenendifferenz heraus, landet man bei einem Pfeil, der auf sich selbst zeigt, so Louis H. Kauffman, Self-Reference and Recursive Forms, a. a. O., S. 53 f.

48 Siehe Herbert A. Simon, The Architecture of Complexity, in: ders., Sciences of the Artificial, 2. Aufl., Cambridge, Mass. 1981, S. 192-229.

49 Siehe Louis Dumont, Individualismus: Zur Ideologie der Moderne, dt. Frankfurt/M. 1990, S. 238 ff.

50 So auch Hofstadter, Gödel, Escher, Bach, a. a. O.; und Barel, Le paradoxe, dix ans après, a. a. O.

selbstreferenzieller und autopoietischer Systeme, die alle ihre Leistungen sich selbst verdanken, auf eine neue Probe stellt. Das Gedächtnis psychischer und sozialer Systeme, so formuliert er dort, ist auf das »Zusammenwirken mehrerer autopoietischer Systeme« angewiesen, auch wenn er einschränkt, dass dies Zusammenwirken die »Autonomie und selbstbestimmte Rekursivität der Systeme« nicht einschränkt.[51] Für den Fall des Bewusstseins kann diese Bedingung als erfüllt gelten, da das Bewusstsein (dank autoepistemischer Limitation)[52] von den Operationen des Gehirns, auf die es gleichwohl gedächtnisbildend angewiesen ist, nichts merkt. Und für den Fall der Kommunikation gilt, dass sie sich darauf verlassen können muss, dass die beteiligten psychischen Systeme den laufenden Operationen ihr Gedächtnis zur Verfügung stellen, ohne dass es erforderlich wäre, die unterstellten Bewusstseinszustände laufend abzufragen und zu überprüfen. In beiden Fällen heißt dies jedoch, dass die konstituierten Identitäten – ein Gedanke, eine Vorstellung, eine Wahrnehmung im Bewusstsein oder eine Mitteilung, eine Information, ein Verstehen in der Kommunikation – sich Differenzen verdanken, über die die operierenden Systeme nur verfügen, *indem sie nicht über sie verfügen*. Deswegen greift die Selbstreferenz ins Leere, ohne den Eindruck zu haben, dass dort nichts wäre. Im Gegenteil, sagt Luhmann, dort ist etwas, was nur als *Sein* qualifiziert werden kann.

51 Offenbar geht es um *strukturelle*, nicht um *operationale* Kopplung, auch wenn diese Unterscheidung in diesem Text nicht verwendet wird. In strukturellen Kopplungen stellen Systeme einander unverfügbare Komplexität zur Verfügung, ohne dadurch die operationale Schließung der Systeme infrage zu stellen. Siehe mit dieser Formulierung Luhmann, Einführung in die Systemtheorie, a. a. O., S. 118 ff.; und vgl. ders., Probleme mit operativer Schließung, in: ders., Soziologische Aufklärung, Bd. 6: Die Soziologie und der Mensch, Opladen 1995, S. 12-24, hier: S. 20, mit der Formulierung, »ein leichtes Chaos« entstehe aus dem »Zusammentreffen« verschiedener operativer Schließungen und dieses leichte Chaos mobilisiere sowohl einen Interpretationsbedarf als auch Routinen, mit denen die beteiligten Systeme auf ihre Erregung reagierten. Siehe zum Begriff der strukturellen Kopplung im Zusammenhang der Zuschreibung von Intelligenz auch Humberto R. Maturana/Gloria D. Guiloff, The Quest for the Intelligence of Intelligence. in: Journal of Social and Biological Structure 3 (1980), S. 135-148.

52 Siehe Georg Northoff/Kristina Musholt, Können wir unser eigenes Gehirn als Gehirn erkennen?, in: Jo Reichertz/Nadia Zaboura (Hg.), Akteur Gehirn – oder das vermeintliche Ende des handelnden Subjekts: Eine Kontroverse, Wiesbaden 2006, S. 19-30.

An die Stelle irgendwie greifbarer – anders als analytisch unterstellbaren – Differenzen von Gehirn, Bewusstsein und Kommunikation treten, so wiederum Luhmann, Schemata. Schemata bewähren sich in der Verknüpfung bewusster und sozialer Operationen – operational untereinander, strukturell miteinander – immer dann, wenn sie wie Raum und Zeit, Wirklichkeit und Möglichkeit, Ursache und Wirkung, Mittel und Zweck, Problem und Problemlösung, Ding und Medium, System und Umwelt aufgerufen und variiert, aber auch zugunsten anderer Schemata gekreuzt werden können. Schemata müssen nichtschematisch gebraucht werden können, sagt Luhmann. Sie liefern Redundanz, aber auch Varietät. Mit Referenz auf Kant, aber auch auf die nicht greifbare Differenz von Kommunikation und Bewusstsein sagt Luhmann, dass sie Produkte der Einbildungskraft sind. Sie stehen zur Ordnung der Wirklichkeit wie die imaginären zu den reellen Zahlen: orthogonal. Und dies gilt auch dann, wenn Ordnung, Wirklichkeit und Zahl ihrerseits nichts anderes als solche Schemata sind.

Luhmann ergänzt diesen Begriff der Schemata durch den Begriff des Skripts. Skripte sind Schemata, die vergleichbar Foucaults Dispositiven, rhetorischen Narrativen oder sogar Kuhns Paradigmen nicht nur die Redundanz einer Syntheseleistung von Bewusstsein oder Kommunikation, sondern parallel dazu auch passende Motive, sich auf eine solche Leistung einzulassen, oder Erwartungen, wie es danach weitergeht, liefern.[53]

Möglicherweise kann man diese Reihung von Schema und Skript durch den Begriff des Symbols ergänzen. Symbole leisten kleinformatiger als Schemata Überbrückungsleistungen zwischen Kommunikation, Bewusstsein und, insofern das Bewusstsein im Medium der Wahrnehmung operiert, optischer, akustischer, gustatorischer, olfaktorischer und taktiler Umwelt. Bewährt sich diese Begriffsfassung – als Schema und Skript – könnte man sich systematisch der soziologischen Erforschung der Kommunikation nicht nur von Schrift, Ton und Bild, sondern auch von Geschmack, Geruch und Berührung widmen. Was immer sich hier zur Wieder-

53 Siehe Michel Foucault, Power/Knowledge: Selected Interviews and Other Writings 1972-1977, hg. von Colin Gordon, New York 1980, S. 194 ff.; Kenneth Burke, A Grammar of Motives (1945), Nachdruck Berkeley, Cal. 1969; Thomas S. Kuhn, Die Struktur wissenschaftlicher Revolutionen, dt. Frankfurt/M. 1973.

holung und zur Kreuzung eignet, bewährt sich als Symbol.[54] In Symbolen kommen Kommunikation, Bewusstsein und Organismus temporär zu einer Verschaltung ihrer Operationen, ohne sich anders als durch ein aufwendiges Nachrechnen der Funktionalität dieser Verschaltung versichern zu können. Meist müssen alle drei Systemebenen feststellen, dass sie der Übung ihrer Verschaltung mehr verdanken, als kommuniziert, bewusst gemacht oder lebendig erfahrbar gemacht werden kann.

Das letzte Kapitel dieses Bandes, das dem Buch auch seinen Titel gibt, »Die Kontrolle von Intransparenz«, verzichtet auf explizite Angaben zur Frage, von welchen Systemen in ihm die Rede ist. Insbesondere die Überlegungen zum Zeitbegriff einer rekursiven Entfaltung der Differenz von Vergangenheit und Zukunft legen nahe, dass Luhmann an soziale Systeme denkt, aber ausdrücklich gesagt wird es nicht, und nichts schließt aus, diesen Zeitbegriff auch an zellulären, neuronalen, psychischen und künstlichen Systemen zu testen.

Die These des Kapitels lautet, dass die Kontrolle von Intransparenz nur in Systemen möglich ist, die diese Intransparenz selbst produzieren. Auf der abstraktesten Ebene ist die These am leichtesten zu verstehen. Ein Beobachter produziert Intransparenz, indem er eine Bezeichnung vornimmt, deren Voraussetzungen in der Form ihrer Unterscheidung er nicht durchschaut. Und er kontrolliert diese Intransparenz, indem immerhin dieses, die Vornahme einer Bezeichnung, möglich ist, und zwar wiederholbar und kreuzbar

54 Siehe in diesem Sinne Ernst Cassirer, Der Begriff der symbolischen Form im Aufbau der Geisteswissenschaften, in: Vorträge der Bibliothek Warburg 1921/22, S. 11-39; ders., Philosophie der symbolischen Formen (1923), 3 Bde., Hamburg 2001. Siehe mit dem Vorschlag, die Theorie der Sozialsysteme als Theorie der Symbolsysteme auszuarbeiten, auch Talcott Parsons u. a., Some Fundamental Categories of the Theory of Action: A General Statement, in: ders./Edward A. Shils (Hg.), Toward a General Theory of Action, Cambridge, Mass. 1951, S. 3-29; Claude Lévi-Strauss, Einleitung in das Werk von Marcel Mauss, in: Marcel Mauss, Soziologie und Anthropologie, Bd. I, dt. Frankfurt/M. 1978, S. 7-41; und Helmut Willke, Symbolische Systeme: Grundriss einer soziologischen Theorie, Weilerswist 2005. – Kombiniert man diese Symbole mit Selektions- und Motivationsleistungen, landet man bei den symbolisch generalisierten Kommunikationsmedien im Sinne von Talcott Parsons, Zur Theorie der sozialen Interaktionsmedien, dt. Opladen 1980; und Luhmann, Die Gesellschaft der Gesellschaft, a. a. O., S. 316 ff.

möglich ist. Luhmann baut diesen Kontrollbegriff in der weiteren Argumentation aus, indem er ihn als Erinnerung und Vergessen (also Gedächtnis) von Steuerungsversuchen erläutert.

Doch was heißt das konkret? Von welchen Systemen ist hier die Rede? Der Auftakt des Kapitels legt nahe, dass es um Systeme geht, die in der Lage sind, zu erklären, was in klassischen ebenso wie in modernen Theorien unter einem Beobachter zu verstehen ist. Es geht um Theorien der Erkenntnis, die jedoch zu Theorien der Kognition verallgemeinert werden und somit Zellen, Organismen, Gehirne, Bewusstsein, Kommunikation und intelligente Maschinen gleichermaßen betreffen können. Typischerweise lautet die Fragestellung jedoch *nicht*, was diese Zellen, Organismen, Gehirne, das Bewusstsein, die Kommunikation oder diese intelligenten Maschinen jeweils zu Beobachtungen im Sinne kognitiver Leistungen befähigt. Sondern auf eine nicht explizierte Weise scheint der Beobachter an allen diesen Systemen zu partizipieren, zwischen ihnen hin und her zu springen, mal einem Lebenswillen, mal einem Gefühl, dann einer Assoziation, einem Gedanken, einer Geste, einem Satz, einer Datenspur folgend. Und dies nicht etwa individuell, sondern milliardenfach, nicht etwa isoliert, sondern vernetzt, verwickelt und verschaltet. Es geht nicht darum, den Menschen zu rekonstruieren. Sondern die Referenz ist ein System, das, mit einem Begriff von Gotthard Günther, transjunktional,[55] operieren kann: Es trifft Unterscheidungen und es kreuzt sie unter Ausnutzung eines Moments der Leere zugunsten anderer Unterscheidungen.[56]

Die Leitfrage nach den Bedingungen der Möglichkeit von Erkenntnis wird wie bereits im ersten Kapitel dieses Bandes aus der Subjekt/Objekt-Differenz herausgelöst. An die Stelle einer Unterscheidung zwischen empirischer Erkenntnis und transzendentalen

55 Siehe Gotthard Günther, Cybernetic Ontology and Transjunctional Operations, in: ders., Beiträge zur Grundlegung einer operationsfähigen Dialektik, Bd, 1, Hamburg 1976, S. 249-328.

56 Man ist versucht, an die Beschreibung zu denken, die Friedrich Nietzsche, Über Wahrheit und Lüge im außermoralischen Sinne. Werke III, hg. von Karl Schlechta, Frankfurt/M. 1969, S. 309-322, hier: S. 312, zum Verhältnis zwischen Ding und Mensch notiert: »Ein Nervenreiz, zuerst übertragen in ein Bild! Erste Metapher. Das Bild wird nachgeformt zu einem Laut! Zweite Metapher. Und jedesmal vollständiges Überspringen der Sphäre, mitten hinein in eine ganz andre und neue.«

Bedingungen der Möglichkeit von Erkenntnis tritt der (kybernetische) Zirkel der reflexiven Konditionierung eines Systems. Und an die Stelle der Vorstellung eines dialektischen Prozesses der Entfaltung des Geistes tritt die Orientierung des Systems an der Differenz von Vergangenheit und Zukunft. Erneut bekommen wir es mit zwei Endloshorizonten zu tun, der Vergangenheit und der Zukunft, mit denen die Gegenwart, wie Luhmann schreibt, »temporal ausgestattet« wird.

Diese Ausstattung schafft und löst Probleme. Sie erzeugt Unbestimmtheit, da die Vergangenheit uneindeutig erinnert und vergessen wird und die Zukunft unbekannt ist, und sie ermöglicht den Umgang mit dieser Unbestimmtheit, indem Redundanzen aufgebaut und Erwartungen getestet werden. Luhmann formuliert hier denkbar nah an den drei Funktionen, die Spencer-Brown als Funktionen des Umgangs mit jenem imaginären Zustand der Zeit beschreibt, in den eine Unterscheidung ausweicht (ausweichen muss), die in ihre eigene Form wiedereintritt und dort auf die »unresolvable indeterminacy« trifft,[57] nicht entscheiden zu können, ob Bezeichnung und Unterscheidung es mit etwas oder nicht vielmehr mit nichts zu tun haben: *cross* oder *marker*.[58] Diese drei Funktionen sind *memory*, *oscillation* und *modulator*, wobei die dritte zwischen den ersten beiden oszilliert.[59]

Luhmann übernimmt somit Spencer-Browns Entscheidung, imaginäre Zustände in der Zeit zu verorten: »Since we do not wish, if we can avoid it, to leave the form, the state we envisage is not in space but in time.«[60] Das hat sicherlich damit etwas zu tun, dass

57 Die Formulierung der »unresolvable indeterminacy« findet sich in G. Spencer Brown, Laws of Form, New York 1977, S. 57 (und in den beiden früheren Ausgaben von 1969 und 1972), jedoch nicht mehr in den späteren Ausgaben von 1994, S. 57 (wo die entsprechenden Zeilen durch einen Leerraum ersetzt sind), und 2008, S. 47 (wo stattdessen davon die Rede ist, dass ein paradoxer [= ›oszillierender‹] Zustand als ›stabil‹ definiert werden kann, wenn es darum geht, die verschiedenen stabilen Zustände einer Gleichung zu zählen). In allen Ausgaben bleibt es freilich bei der Bestimmung von »indeterminacy« als Ergebnis der Einführung von Gleichungen zweiten Grades.

58 Laws of Form, a. a. O. (2008), S. 53.

59 Ebd., S. 50 und 53 f.

60 Ebd., S. 48. [»Nachdem wir, wenn wir es vermeiden können, die Form nicht verlassen wollen, befindet sich der Zustand, den wir ins Auge fassen, nicht im Raum, sondern in der Zeit.« Gesetze der Form, dt. Lübeck 1997, S. 51.]

die Struktur und Semantik der Temporalisierung von Komplexität weiter entwickelt ist als die Strukturen und Semantiken der Materialisierung oder Sozialisierung von Komplexität,[61] aber das ändert nichts daran, dass es sich um eine Entscheidung handelt, zu der man sich Alternativen vorstellen kann. Die Ausstattung eines Sachverhalts mit den beiden Endloshorizonten interner Konstitution und externer Kontexte ist ebenso denkbar wie die Ausstattung einer sozialen Situation mit den beiden Endloshorizonten der multiplizierbaren Perspektiven von Ego und Alter Ego. Weder im Hinblick auf erreichbare Grade der Unbestimmtheit noch im Hinblick auf Fixpunkte einer redundanten Ordnung gibt es Gründe, einer temporalen Komplexität vor einer ökologischen oder sozialen Komplexität den Vorzug zu geben.

Man kann sich dazu von Fall zu Fall empirische Forschung vorstellen. Im vorliegenden Zusammenhang ist es wichtiger, dass Luhmann mit der Referenz auf die in der Zeit qua Gedächtnis und Oszillation verankerte Form jenes Niveau einer allgemeinen mathematischen Theorie erreicht hat, die es erlaubt, die Systemtheorie als einen Sonderfall geringeren Allgemeinheitsgrads zu betrachten. Luhmann erinnert an frühere Systembegriffe von Ludwig von Bertalanffy und Talcott Parsons (offene Systeme mit Input und Output) und entwickelt den Systembegriff mithilfe des Konzepts der reflexiven Konditionierung bis zu dem Punkt weiter, dass es als sein eigener Output, sein eigenes Produkt verstanden werden kann. Dann ist es: Form, und zugleich: Medium dieser Form. Es ist feste Kopplung spezifischer Operationen im Raum der Möglichkeit alternativer Kopplungen. Mit der Referenz auf den Medienbegriff lässt Luhmann das streng mathematische Konzept hinter sich. Oszillation und Gedächtnis ereignen sich in der Zeit und referieren – denn nach wie vor gilt: keine Unterscheidung ohne eine Bezeichnung, die die Unterscheidung aufruft – auf temporale, materiale und soziale Zustände aller Art.

Der Beobachter wird bestimmbar als Reproduktion einer Form im Medium dieser Form. In der Formulierung des Kapitels »Zeit

61 Siehe Niklas Luhmann, Temporalisierung von Komplexität: Zur Semantik neuzeitlicher Zeitbegriffe, in: ders., Gesellschaftsstruktur und Semantik: Studien zur Wissenssoziologie der modernen Gesellschaft, Bd. 1, Frankfurt/M. 1980, S. 235-300.

und Gedächtnis«: Er wird bestimmbar anhand seines nichtschematischen Gebrauchs von Schemata. Vielleicht darf man ihn sich als Akteur im Sinne von Talcott Parsons vorstellen: als eine momenthaft aufflackernde und sofort wieder zerfallende, in einer bestimmten Materie realisierte und wieder verschwindende sowie in bestimmte Perspektivenwechsel zwischen Ego und Alter Ego eingelassene und dort wieder aufgeriebene Konstellation organischer, psychischer, sozialer und, bei Parsons, kultureller Systeme.[62] »System« heißt hierbei in aller Strenge: Black Box, unbeobachtbare Selbstreferenz, Nichttrivialität, operationale Schließung, strukturelle Kopplung, Intransparenz. In ihrem Zusammenwirken ermöglichen sie Beobachtung, die empirisch und theoretisch ergiebig wird, sobald sie im Medium von Formen beobachtet wird.

Eine dieser Formen ist der Beobachter selbst. Ob man ihn – und sie – wie Parsons auf vier und nur vier dieser Systeme zurückrechnet, auf eine bestimmte Materialität, die er als lebendes System voraussetzt, auf eine teleonomische Organisation, die ihn als Organismus kennzeichnet, auf eine symbolische Organisation, die seine Handlungen untereinander vernetzt (differenziert und integriert), und auf eine tiefere oder höhere Bedeutung, die ihn mit einem Sinn für Gründe, Ordnung, Handlungsfähigkeit (»agency«) und Erfüllung ausstattet,[63] oder mit Verweis auf die kognitionswissenschaftliche Forschung die Zahl und Funktion der beteiligten Systeme in der Theorie offenhält und erst in der Empirie von Fall zu Fall genauer bestimmt, ist eine Frage, die pragmatisch zu entscheiden ist. Man würde auf interessante Forschungsfragen verzichten, würde man die Handlungstheorie von Parsons schlicht unter den klassischen Texten des Fachs ablegen und nicht nach wie vor mit ihr arbeiten. Doch genauso wichtig ist es natürlich, den Anschluss an die aktuelle Forschung zu halten, auch wenn diese trotz aller Plädoyers für »Interdisziplinarität« mit Fragestellungen benachbarter Disziplinen nicht mehr so vertraut ist, wie dies in früheren, über-

62 Siehe Talcott Parsons, Some Problems of General Theory in Sociology, in: ders., Social Systems and the Evolution of Action Theory, New York 1977, S. 229-269; und ders., A Paradigm of the Human Condition, in: ders., Action Theory and the Human Condition, New York 1978, S. 352-433.

63 Siehe die funktionale Bestimmung der physiko-chemischen (A), organischen (G), Handlungs- (I) und telischen Systeme (L) bei Parsons, A Paradigm of the Human Condition, a. a. O., S. 382.

schaubareren Verhältnissen der Wissenschaften und universitären Forschung der Fall war.

Auch Luhmanns Unterscheidung zwischen Maschinen, Organismen, sozialen Systemen und psychischen Systemen und innerhalb der sozialen Systeme wiederum zwischen Interaktionen, Organisationen und Gesellschaften, später ergänzt durch Protestbewegungen,[64] wäre an empirischen Fällen immer wieder erneut daraufhin zu überprüfen, ob sie hinreichend viel Intransparenz bereitstellt, um Formen zu errechnen, deren Ausdifferenzierung und Reproduktion von einem Beobachter auf diese Systeme zugerechnet werden kann.

Ist *n* die Zahl der Systeme, die theoretisch und empirisch an einer menschlichen Handlung jeweils beteiligt sind, und bestimmt Parsons diese Zahl als $4^{2\cdots}$, so würde man mit Luhmann dazu neigen anzunehmen, dass an jeder Handlung maximal *n-1* Systeme beteiligt sind, sie also grundsätzlich defizitär und somit ergänzungsbedürftig und nur insofern intelligent operiert.[65]

Die Kontrolle von Intransparenz, so kann man die Beiträge dieses Bandes vielleicht zusammenfassen, läuft darüber, sie nicht nur zuzulassen, sondern zu steigern. Man steigert sie, indem man nicht nur theologisch in Gott und philosophisch im Bewusstsein, sondern kognitionswissenschaftlich auch in Zellen, Immunsystemen, Organismen, Gehirnen, Gesellschaften und intelligenten Maschinen mit unbeobachtbarer Selbstreferenz rechnet. Und man kontrolliert sie, indem man Beobachter beobachtet, die temporale Formen entwerfen, deren Innen- und Außenseiten unter der Voraussetzung eines mitlaufenden *unmarked space* verschiedene Systeme und deren Umwelten untereinander vernetzen. Diese temporalen Formen sind in je unterschiedlicher Flüchtigkeit Gesten und Sätze, Bilder und Töne, Zahlen und Modelle, Geschichten und Stile, Geräte und Routinen, Techniken und Kulturen, Werte und Institutionen. Und »Form« heißt in jedem einzelnen Fall, dass die

64 Soziale Systeme, a. a. O., S. 16; und Die Gesellschaft der Gesellschaft, a. a. O., S. 847 ff.

65 Mit der Logik könnte man von grundsätzlich »ungesättigten« Präpositionen sprechen. Siehe Gottlob Frege, Logische Untersuchungen, hg. von Günter Patzig, 5. Aufl., Göttingen 2005, S. 86. Oder mit »Mundharmonika« alias Charles Bronson in »Spiel mir das Lied vom Tod« (Italien/USA 1969): »Einer wartet immer.«

Ausdifferenzierung (»Differenz«) dieser Sach-, Zeit- und Sozialverhalte so unwahrscheinlich ist wie ihre Reproduktion (»Identität«). Sie sind für den Moment, in dem sie erkennbar werden, funktionale Eigenwerte der rekursiven Verschachtelung operational geschlossener Systeme. Und möglicherweise liegt in diesem Hinweis auf Verschachtelung die eigentliche Botschaft des Nachdenkens über die Kontrolle von Intransparenz.

Man wird Gelegenheit haben, diese Überlegungen einem Stresstest zu unterziehen. Mit der prognostizierten Weiterentwicklung der künstlichen Intelligenz zu einer Superintelligenz steht erneut die Frage auf dem Spiel,[66] nicht ob, sondern welche Art von Abkopplung algorithmische Leistungen in Reichweite rückt, die neuronale, mentale und soziale Leistungen in Fragen der Datenkapazität, der Schnelligkeit und der verteilten Rechnung übertreffen. Der Stresstest kann als bestanden gelten, wenn die KI-Forschung eingesehen und umgesetzt hat, dass jeder neue Typ von Intelligenz nur aus einer Kombination von Abkopplung und Kopplung entstehen kann. Er ist bestanden, wenn der Traum vom »Überallgorithmus«[67] ausgeträumt ist und auch die KI-Forschung beginnt, eine Differenz von Systemreferenzen zur Kenntnis zu nehmen, also nicht nur bis 1 zu zählen (früher das Bewusstsein, dann das Gehirn, heute das Maschinenlernen).

Möglicherweise gibt es nur *eine* Form von Intelligenz, wenn »Intelligenz« darin besteht, mit jeder Intransparenz zu rechnen, die erforderlich ist, um eine Kontrolle über die Operationen eines Beobachters aufrechtzuerhalten. Aber diese eine Intelligenz – ein Medium, kein System, geschweige denn ein Instrument – muss *jedes* System ins Kalkül ziehen, dessen Operationen in der Umwelt eines Beobachters diesen unterstützen und gefährden können. Die Zeiten sind vorbei, in denen wir nur mit Menschen rechnen mussten. Heute müssen wir überdies Maschinen kontrollieren, die

66 Siehe wiederum Bostrom, Superintelligence, a.a.O. Und vgl. Pedro Domingos, The Master Algorithm: How the Quest for the Ultimate Learning Machine Will Remake Our World, New York 2015; sowie, nach wie vor, David Weinberger, The Machine That Would Predict the Future, in: Scientific American 305 (December 2011), S. 32-37; ders., Too Big to Know: Rethinking Knowledge Now That Facts Aren't the Facts, Experts are Everywhere, and the Smartest Person in the Room Is the Room, New York 2011.

67 So Peter Glaser, Der Überallgorithmus: Sind Programmiersprachen die neuen Weltsprachen?, Neue Zürcher Zeitung, 10. Februar 2016, S. 36.

uns kontrollieren. Niemand weiß, ob der Umstand, dass diese Maschinen sich quantenmechanisch ebenfalls in Zustände der Unbestimmtheit versetzen können (mit dem bemerkenswerten Ergebnis, umso schneller rechnen zu können), uns beruhigen oder beunruhigen sollte. Einstweilen ist theoretisch wie praktisch nur deutlich, dass die Quantenmechanik sowohl die Abkopplung wie die Kopplung betreut, indem sie die Maschinen zugleich unabhängiger und empfindlicher macht. Insofern scheint die Geschichte des Lebens, des Bewusstseins und der Kommunikation nicht überboten, sondern auf einer neuen Ebene wiederholt zu werden. Überboten wird allenfalls, aber das ist dramatisch genug, die Tiefenschärfe, mit der Ereignisse granularisiert[68] und auf verschiedene Systemreferenzen zurückgerechnet werden.

Luhmann hat seine Annahme, dass die Rechenoperationen von Computern wohl nie in der Lage sein werden, »in der Eigenart sozialer Systeme« zu operieren, das heißt eine Kommunikation über Wissen *und Nichtwissen* zu unterhalten,[69] später zu der Frage korrigiert, wie sich die Operationen und Strukturen der Kommunikation verändern werden, wenn sich nicht nur Menschen, sondern auch Computer, »unsichtbare Maschinen«, an ihr *beteiligen* würden: So unabsehbar dies ist, so wichtig sei es, durch das Tieferlegen des Kommunikationsbegriffs in der Theorie eine »Unbestimmtheitsstelle« vorzusehen, die es ermögliche zu beobachten, was dann zu beobachten ist.[70] Diese Unbestimmtheitsstelle besteht nicht zuletzt im »Verzicht auf eine Positivwertung zeitlicher Beständigkeit«, der es ermögliche, auf die mit Computern beschleunigten Kontrolloperationen zunächst theoretisch und dann kulturell zu reagieren.[71] Der Formkalkül erlaubt eine »radikale, postontologische Thematisierung von Zeit«,[72] doch damit soll nicht ausgeschlossen sein, auch Sach- und Sozialverhalte mithilfe des Formkalküls anders zu denken als bisher.

68 Im Sinne von Christoph Kucklick, Die granulare Gesellschaft: Wie das Digitale unsere Wirklichkeit auflöst, Berlin 2014.

69 So in Organisation und Entscheidung, a. a. O., S. 377. Ich vermute, dass die Arbeit am Manuskript dieses Buches früher abgeschlossen war als die Arbeit am Manuskript von »Die Gesellschaft der Gesellschaft«, das Luhmann bis kurz vor seinem Tod beschäftigt hat.

70 So in Die Gesellschaft der Gesellschaft, a. a. O., S. 117 f.

71 Ebd., S. 411 f.

72 Ebd., S. 1148.

Luhmanns Systemtheorie unterstreicht die Ereignishaftigkeit sozialer und psychischer Systeme. Seine Lektüre des Formkalküls ergänzt diese Ereignishaftigkeit um die Fluidität der Beobachtung zweiter Ordnung. Luhmann hat sich zeitlebens im Medium der Intelligenz bewegt. Die Paradoxie der Kontrolle von Intransparenz ist die Zusammenfassung seiner Forschung. Wie alle Paradoxien ist sie Schlusspunkt ebenso wie Ausgangspunkt für eine andere Fassung derselben »Theorie«.

Nachweise

Erkenntnis als Konstruktion, Bern: Benteli Verlag, 1989, vergriffen, wieder abgedruckt in Niklas Luhmann, Aufsätze und Reden, hg. von Oliver Jahraus, Stuttgart: Reclam, 2001, S. 218-242

Gibt es ein »System« der Intelligenz?, in: Martin Meyer (Hg.), Intellektuellendämmerung: Beiträge zur neuesten Zeit des Geistes, München: Hanser, 1992, S. 57-73

Das Risiko der Kausalität, in: Zeitschrift für Wissenschaftsforschung 9/10 (1994/95), S. 107-119

Zeit und Gedächtnis, in: Soziale Systeme: Zeitschrift für soziologische Theorie 2 (1996), S. 307-330

Die Kontrolle von Intransparenz, in: Heinrich W. Ahlemeyer/Roswita Königswieser (Hg.), Komplexität managen: Strategien, Konzepte und Fallbeispiele, Wiesbaden: Gabler, 1998, S. 51-76, englische Übersetzung: The Control of Intransparency (translated by M. P. van der Marel und A. Zÿlstra), in: Systems Research and Behavioral Science 14, 6 (1998), S. 359-371. Der Abdruck erfolgt mit freundlicher Genehmigung von Springer Nature.

Niklas Luhmann
im Suhrkamp Verlag
Eine Auswahl

Ausdifferenzierung des Rechts. Beiträge zur Rechtssoziologie und Rechtstheorie. stw 1418. 459 Seiten

Das Erziehungssystem der Gesellschaft. Herausgegeben von Dieter Lenzen. Mit zahlreichen Faksimiles des Manuskripts. stw 1593. 236 Seiten

Funktion der Religion. stw 407. 324 Seiten

Die Gesellschaft der Gesellschaft. Zwei Bände. stw 1360. 1164 Seiten

Gesellschaftsstruktur und Semantik. Studien zur Wissenssoziologie der modernen Gesellschaft.
- Band 1. stw 1091. 319 Seiten
- Band 2. stw 1092. 294 Seiten
- Band 3. stw 1093. 458 Seiten
- Band 4. stw 1438. 185 Seiten

Kontingenz und Recht. Rechtstheorie im interdisziplinären Zusammenhang. Herausgegeben und mit einem Nachwort von Johannes F. K. Schmidt. 348 Seiten. Gebunden

Die Kunst der Gesellschaft. stw 1303. 517 Seiten

Legitimation durch Verfahren. stw 443. 261 Seiten

Liebe als Passion. Zur Codierung von Intimität. stw 1124. 231 Seiten

Macht im System. Herausgegeben von André Kieserling. Gebunden. 156 Seiten

NF 126a/1/10.15

Die Politik der Gesellschaft. Herausgegeben von André Kieserling. stw 1582. 444 Seiten

Politische Soziologie. Herausgegeben von André Kieserling. Gebunden und stw 2068. 499 Seiten

Protest. Systemtheorie und soziale Bewegungen. Herausgegeben von Kai-Uwe Hellmann. stw 1256. 216 Seiten

Das Recht der Gesellschaft. stw 1183. 598 Seiten

Die Religion der Gesellschaft. Herausgegeben von André Kieserling. stw 1581. 368 Seiten

Schriften zur Pädagogik. Herausgegeben und mit einem Vorwort von Dieter Lenzen. stw 1697. 278 Seiten

Soziale Systeme. Grundriß einer allgemeinen Theorie. stw 666. 675 Seiten

Theorie der Gesellschaft. Neun Bände in Kassette. 5100 Seiten

Die Wirtschaft der Gesellschaft. stw 1152. 356 Seiten

Die Wissenschaft der Gesellschaft. stw 1001. 732 Seiten

Zweckbegriff und Systemrationalität. Über die Funktion von Zwecken in sozialen Systemen. stw 12. 390 Seiten

Niklas Luhmann/Peter Fuchs. Reden und Schweigen. stw 848. 227 Seiten

Niklas Luhmann/Karl Eberhard Schorr. Reflexionsprobleme im Erziehungssystem. stw 740. 390 Seiten

NF 126a/2/10.15

Niklas Luhmann als Herausgeber

Niklas Luhmann/Stephan H. Pfürtner. Theorietechnik und Moral. stw 206. 267 Seiten

Niklas Luhmann/Karl Eberhard Schorr. Zwischen Intransparenz und Verstehen. Fragen an die Pädagogik. stw 572. 325 Seiten

Zu Niklas Luhmann

Beobachter der Moderne. Niklas Luhmanns »Die Gesellschaft der Gesellschaft«. Herausgegeben von Hans-Joachim Giegel und Uwe Schimank. stw 1612. 343 Seiten

GLU. Glossar zu Niklas Luhmanns Theorie sozialer Systeme. Von Claudio Baraldi, Giancarlo Corsi und Elena Esposito. stw 1226. 248 Seiten

Irritationen des Erziehungssystems. Pädagogische Resonanzen auf Niklas Luhmann. Herausgegeben von Dieter Lenzen. stw 1657. 235 Seiten

Luhmann und die Kulturtheorie. Herausgegeben von Günter Burkart und Gunter Runkel. stw 1725. 289 Seiten

Rezeption und Reflexion. Zur Resonanz der Systemtheorie Niklas Luhmanns außerhalb der Soziologie. Herausgegeben von Henk de Berg und Johannes F. K. Schmidt. stw 1501. 514 Seiten

Theorie der Politik. Niklas Luhmanns politische Soziologie. Herausgegeben von Kai-Uwe Hellmann und Rainer Schmalz-Bruns. stw 1583. 320 Seiten

NF 126a/3/10.15

Peter Fuchs/Andreas Göbel (Hg.). Der Mensch – das Medium der Gesellschaft? stw 1177. 368 Seiten

André Kieserling
- Kommunikation unter Anwesenden. Studien über Interaktionssysteme. 520 Seiten. Gebunden
- Selbstbeschreibung und Fremdbeschreibung. Beiträge zu einer Soziologie des soziologischen Wissens. stw 1613. 306 Seiten

Bruno Latour
- Existenzweisen. Eine Anthropologie der Modernen. Gebunden. 665 Seiten
- Die Hoffnung der Pandora. Untersuchungen zur Wirklichkeit der Wissenschaft. Aus dem Englischen von Gustav Roßler. stw 1595. 386 Seiten
- Jubilieren. Über religiöse Rede. Gebunden und stw 2186. 250 Seiten
- Eine neue Soziologie für eine neue Gesellschaft. Aus dem Englischen von Gustav Roßler. Mit Abbildungen. 488 Seiten. Gebunden
- Das Parlament der Dinge. Für eine politische Ökologie. Aus dem Französischen von Gustav Roßler. 365 Seiten
- Wir sind nie modern gewesen. Versuch einer symmetrischen Anthropologie. Aus dem Französischen von Gustav Roßler. stw 1861. 205 Seiten

Bruno Latour/Vincent Lépinay
Die Ökonomie als Wissenschaft der leidenschaftlichen Interessen. Eine Einführung in die ökonomische Anthropologie Gabriel Tardes. Gebunden. 120 Seiten

Dieter Lenzen (Hg.). Irritationen des Erziehungssystems. Pädagogische Resonanzen auf Niklas Luhmann. stw 1657. 236 Seiten

NF 125/2/1.16

Niklas Luhmann

- Ausdifferenzierung des Rechts. Beiträge zur Rechtssoziologie und Rechtstheorie. stw 1418. 459 Seiten
- Das Erziehungssystem der Gesellschaft. Herausgegeben von Dieter Lenzen. stw 1593. 236 Seiten
- Funktion der Religion. stw 407. 324 Seiten
- Die Gesellschaft der Gesellschaft. Zwei Bände. stw 1360. 1164 Seiten
- Gesellschaftsstruktur und Semantik. Studien zur Wissenssoziologie der modernen Gesellschaft.
  Band 1. stw 1091. 319 Seiten
  Band 2. stw 1092. 294 Seiten
  Band 3. stw 1093. 458 Seiten
  Band 4. stw 1438. 185 Seiten
- Ideenevolution. Beiträge zur Wissenssoziologie. Herausgegeben von Andre Kieserling. stw 1870. 400 Seiten
- Kontingenz und Recht. Rechtstheorie im interdisziplinären Zusammenhang. Gebunden. 348 Seiten
- Die Kunst der Gesellschaft. stw 1303. 517 Seiten
- Legitimation durch Verfahren. stw 443. 261 Seiten
- Liebe. Gebunden. 94 Seiten
- Liebe als Passion. Zur Codierung von Intimität. stw 1124. 231 Seiten
- Macht im System. stw 2089. 156 Seiten
- Die Moral der Gesellschaft. Herausgegeben von Detlef Horster. stw 1871. 401 SeitenDie Politik der Gesellschaft. Herausgegeben von André Kieserling. stw 1582. 444 Seiten
- Der neue Chef. Gebunden. 120 Seiten
- Politische Soziologie. Gebunden und stw 2068. 499 Seiten
- Protest. Systemtheorie und soziale Bewegungen. Herausgegeben und eingeleitet von Kai-Uwe Hellmann. stw 1256. 216 Seiten
- Das Recht der Gesellschaft. stw 1183. 598 Seiten
- Die Religion der Gesellschaft. stw 1581. 368 Seiten

NF 125/3/1.16

- Schriften zur Kunst und Literatur. Herausgegeben und mit einem Nachwort von Niels Werber. stw 1872. 300 Seiten
- Schriften zur Pädagogik. Herausgegeben und mit einem Vorwort von Dieter Lenzen. stw 1697. 350 Seiten
- Soziale Systeme. Grundriß einer allgemeinen Theorie. stw 666. 675 Seiten
- Theorie der Gesellschaft. Neun Bände in Kassette. Die Kassette enthält: Soziale Systeme / Die Gesellschaft der Gesellschaft / Die Wissenschaft der Gesellschaft / Die Wirtschaft der Gesellschaft / Das Recht der Gesellschaft / Die Kunst der Gesellschaft / Die Politik der Gesellschaft / Die Religion der Gesellschaft / Das Erziehungssystem der Gesellschaft. Zusammen 5100 Seiten
- Die Wirtschaft der Gesellschaft. stw 1152. 356 Seiten
- Die Wissenschaft der Gesellschaft. stw 1001. 732 Seiten
- Zweckbegriff und Systemrationalität. Über die Funktion von Zwecken in sozialen Systemen. stw 12. 390 Seiten

Niklas Luhmann/Peter Fuchs. Reden und Schweigen. stw 848. 227 Seiten

Niklas Luhmann/Karl Eberhard Schorr. Reflexionsprobleme im Erziehungssystem. stw 740. 390 Seiten

Niklas Luhmann/Karl Eberhard Schorr (Hg.). Zwischen Intransparenz und Verstehen. Fragen an die Pädagogik. stw 572. 325 Seiten

Niklas Luhmann/Stephan H. Pfürtner (Hg.). Theorietechnik und Moral. stw 206. 267 Seiten

Rudolf Maresch/Niels Werber (Hg.)
- Kommunikation – Medien – Macht. stw 1408. 450 Seiten
- Raum – Wissen – Macht. stw 1603. 309 Seiten

NF 125/4/1.16

Richard Münch
- Die akademische Elite. Zur sozialen Konstruktion wissenschaftlicher Exzellenz. es 2510. 474 Seiten
- Akademischer Kapitalismus. Über die politische Ökonomie der Hochschulreform. es 2633. 459 Seiten
- Globale Eliten, lokale Autoritäten. Bildung und Wissenschaft unter dem Regime von PISA, McKinsey & Co. es 2560. 266 Seiten
- Offene Räume. Soziale Integration diesseits und jenseits des Nationalstaats. stw 1515. 318 Seiten

Armin Nassehi
- Gesellschaft der Gegenwarten. Studien zur Theorie der modernen Gesellschaft II. stw 1996 .362 Seiten
- Der soziologische Diskurs der Moderne. 502 Seiten. Gebunden

Armin Nassehi/Gerd Nollmann (Hg.). Bourdieu und Luhmann. Ein Theorievergleich. stw 1696. 272 Seiten

Frithard Scholz. Freiheit als Indifferenz. Alteuropäische Probleme mit der Systemtheorie Niklas Luhmanns. 287 Seiten. Kartoniert

Rudolf Stichweh
- Der Fremde. Studien zu Soziologie und Sozialgeschichte. stw 1924. 213 Seiten
- Der frühmoderne Staat und die europäische Universität. Zur Interaktion von Politik und Erziehungssystem im Prozeß ihrer Ausdifferenzierung im 16.-18. Jahrhundert. 427 Seiten. Gebunden
- Theorie der Weltgesellschaft. Soziologische Analysen. stw 1500. 275 Seiten
- Wissenschaft, Universität, Profession. Soziologische Analysen. stw 1146. 402 Seiten

NF 125/5/1.16

Helmut Willke

- Atopia. Studien zur atopischen Gesellschaft. stw 1516. 263 Seiten
- Demokratie in Zeiten der Konfusion. stw 2131. 175 Seiten
- Dezentrierte Demokratie. Prolegomena zur Revision politischer Steuerung. stw 2182. 200 Seiten
- Dystopia. Studien zur Krisis des Wissens in der modernen Gesellschaft. stw 1559. 291 Seiten
- Heterotopia. Studien zur Krisis der Ordnung moderner Gesellschaften. stw 1658. 356 Seiten
- Supervision des Staates. 380 Seiten. Gebunden

NF 125/6/1.16